AF619230

Katrin Biedermann

Sportvereine als Betreiber von Sportstätten

Konzepte und Perspektiven

Katrin Biedermann

SPORTVEREINE ALS BETREIBER VON SPORTSTÄTTEN

Konzepte und Perspektiven

ibidem-Verlag
Stuttgart

Bibliografische Information Der Deutschen Bibliothek

Die Deutsche Bibliothek verzeichnet diese Publikation in der Deutschen Nationalbibliografie; detaillierte bibliografische Daten sind im Internet über <http://dnb.ddb.de> abrufbar.

∞

Gedruckt auf alterungsbeständigem, säurefreien Papier
Printed on acid-free paper

ISBN: 3-89821-434-6

© *ibidem*-Verlag
Stuttgart 2005
Alle Rechte vorbehalten

Das Werk einschließlich aller seiner Teile ist urheberrechtlich geschützt. Jede Verwertung außerhalb der engen Grenzen des Urheberrechtsgesetzes ist ohne Zustimmung des Verlages unzulässig und strafbar. Dies gilt insbesondere für Vervielfältigungen, Übersetzungen, Mikroverfilmungen und elektronische Speicherformen sowie die Einspeicherung und Verarbeitung in elektronischen Systemen.

Printed in Germany

Inhaltsverzeichnis

ABKÜRZUNGSVERZEICHNIS

Abb.	Abbildung
AG	Aktiengesellschaft
BGB	Bürgerliches Gesetzbuch
BSB	Badischer Sportbund
bzw.	beziehungsweise
DSB	Deutscher Sportbund
DFV	Deutscher Franchise - Verband
etc.	et cetera
ff.	fortfolgende
GbR	Gesellschaft bürgerlichen Rechts
GmbH	Gesellschaft mit beschränkter Haftung
Hrsg.	Herausgeber
HTV	Haaner Turnverein
o.J.	ohne Jahr
o.S.	ohne Seite
o.V.	ohne Verfasser
PPP	Public Private Partnership
qm	Quadratmeter
SV	Sportverein
TC	Tennisclub
u.a.	unter anderem
usw.	und so weiter
vgl.	vergleiche
WLSB	Württembergischer Sportbund
z.B.	zum Beispiel

ABBILDUNGSVERZEICHNIS

TABELLENVERZEICHNIS

ABSTRACT

Die Gesellschaft hat sich in den letzten Jahren gewandelt – und mit ihr auch der Sport. Der Leistungssport nimmt heute nicht mehr die dominierende Position ein, wie er es noch vor 20 Jahren getan hat. Gesundheit und Fitness sowie der Breitensport sind in den Vordergrund gerückt. Durch diese Veränderungen müssen Sportvereine nicht nur das Sportangebot, sondern auch die Sportstätten an die veränderten Bedürfnisse anpassen. Gefragt sind weniger normgerechte und wettkampftaugliche Sportstätten als vielmehr multifunktionale Sportstätten, die für verschiedene Arten der Sportausübung genutzt werden können. Zudem können die Kommunen durch die angespannte Haushaltslage die Sportstättenförderung und die Sportstättenunterhaltung nicht mehr auf dem hohen Niveau halten, wie wir es bis heute gewohnt sind. So werden sich Vereine mit der Problematik der Betreiberrolle bei Sportstätten in naher Zukunft vermehrt auseinandersetzen müssen, wie die aktuelle Diskussion um eine höhere Betriebskostenbeteiligung seitens der Vereine für die Nutzung von Sportstätten zwischen den Hamburger Sportvereinen und dem Hamburger Senat zeigt.

Diese Veröffentlichung beschäftigt sich mit Konzepten und Perspektiven für Sportvereine als Betreiber von Sportstätten. Anhand der BSB und WLSB Vereinsstudie sowie einer Untersuchung von Heinemann/Schubert wird der Sportverein mit seinen Strukturen dargestellt und anschließend vier Betreiberkonzepte für Sportstätten aus Vereinssicht vorgestellt: Sportvereine als Betreiber eigener Sportstätten, die Übernahme städtischer Sportanlagen durch Sportvereine, Public Private Partnership (PPP) und Franchising. Während PPP und Franchising eine relativ hohe personelle Professionalisierung bei den Vereinen verlangen, können die beiden anderen Konzepte mit vorhandenen Strukturen und Ehrenamtlichen gut umgesetzt werden. Doch die hohen Kosten, die eine Sportstätte durch die Pflege und Instandhaltung verursacht, lassen Professionalisierungstendenzen auch bei den beiden erst genannten Konzepten sinnvoll erscheinen. PPP ist ein Konzept, das bei Sportstätten bisher noch nicht so häufig umgesetzt wurde, aber eine attraktive Alternative bietet. Durch einen Austausch von Know-how beider Partner können die Schwächen des jeweils anderen ausgeglichen und die finanziellen Risiken auf beide Partner verteilt werden. Franchising als Betreiberkonzept für Sportstätten wird dagegen auch in Zukunft nicht so häufig angewandt werden, da es den Sportvereinen meistens an betriebswirtschaftlichen Kenntnissen fehlt. Zudem ist es schwierig, bereits vorhandene Sportstätten in eine Franchisekette einzugliedern, da das einheitliche Aussehen mit anderen Sportstätten innerhalb der Kette fehlt. Durch die Vielfalt an möglichen Betreiberkonzepten sollte es jedoch jedem Sportverein möglich sein, das für ihn passende Konzept zu finden.

EINLEITUNG

Wandel des Sports – ein Begriff, den man in den letzten Jahren häufiger hörte. Das Sportverhalten in der Bevölkerung hat sich geändert. Die Motive für das Betreiben von Sport sind nicht mehr das Erbringen von Leistung oder die Bestätigung in Wettkämpfen, sondern ein ausgeprägtes Bedürfnis nach Fitness und Gesundheit sowie Spaß und Geselligkeit durch den Sport. Durch den demographischen Wandel gibt es für Sportanbieter zudem eine neue Zielgruppe: die Senioren oder "jungen Alten". Doch nicht nur diese beiden Tatsachen erfordern neue Konzeptionen für die Vereine und die Sportstätten, damit ein bedarfsgerechtes Angebot gemacht werden kann. Die angespannte Haushaltslage der Kommunen und die daraus resultierenden Kürzungen in der kommunalen Sportförderung – allein in Baden-Württemberg zehn Millionen Euro im Jahr 2004 – machen ein Umdenken notwendig. In Zukunft wird neuen Finanzierungs- und Betreiberkonzepten für Sportstätten eine gesteigerte Bedeutung zukommen. Im Rahmen dieses Buches wird dargestellt, auf welche Art und Weise Vereine als Betreiber von Sportstätten auftreten können.

Die Studie ist in fünf Hauptkapitel untergliedert. Die ersten drei Kapitel beinhalten theoretische Aspekte zum Thema, gefolgt von einem praxisbezogenen Teil und einem abschließenden Fazit. Im ersten Kapitel werden wesentliche Begriffe dieser Studie erläutert, sowie die Anforderungen an Betreiberkonzepte dargestellt. Anschließend werden die Entwicklung des Sportstättenbaus beschrieben und derzeitige Betreiberstrukturen erläutert. In Kapitel drei wird untersucht, ob Vereine die Voraussetzungen für die Umsetzung verschiedener Konzepte überhaupt mitbringen. Es folgt der praxisorientierte Teil, in dem vier verschiedene Betreiberkonzepte vorgestellt und mit Praxisbeispielen weiter veranschaulicht werden. Abschließend werden die wesentlichen Ergebnisse dieser Studie zusammengefasst und Perspektiven für die Zukunft dargestellt.

Das Ziel dieser Studie besteht darin, für Vereine Konzepte und Perspektiven aufzuzeigen, Sportstätten selbst zu betreiben.

1 BETREIBERKONZEPTE

1.1 Definitionen

Ein Betreiberkonzept ist ein ganzheitliches Facility Management-Konzept zur Bewirtschaftung und zum Betrieb eines definierten Gebäudebestandes mit dazugehörigen Grundflächen. Es umfasst sämtliche Gebäude, Anlagen, Objekte und die damit zusammenhängenden Aktivitäten und führt idealerweise zu einer besseren Wirtschaftlichkeit durch Optimierung der Betriebskosten. Mit einem Betreiberkonzept sollen klare Abrechnungsmodalitäten, Kostentransparenz, ein einheitliches und durchgängiges Dokumentensystem, eine stärkere Kunden- und Nutzerorientierung, marktfähige Leistungspakete, eindeutig benannte Partner und Zuständigkeiten sowie klare Abläufe geschaffen werden (o.V., 2004a, o.S.).

Das Gebäudemanagement bildet den Schwerpunkt des Facility Managements in der Nutzungsphase einer Immobilie. Es wird in die Teilbereiche technisches, infrastrukturelles und kaufmännisches Gebäudemanagement sowie das Flächenmanagement untergliedert. Zum technischen Gebäudemanagement zählen u.a. die Instandhaltung (Wartung, Inspektion, Instandsetzung) von Gebäudeleittechnik, Sanitärtechnik, Heizung/Klima/Lüftungstechnik, Sicherheitstechnik und das Energiemanagement. Das infrastrukturelle Gebäudemanagement umfasst neben Catering, Reinigungs- und Hausmeisterdiensten, Pförtnerdienst, Bewachung und Objektschutz auch die Parkraumbewirtschaftung, Pflege der Außenanlagen, Winterdienste usw.. Unter kaufmännischem Gebäudemanagement werden Rechnungsstellung, Budgetierung, Controlling und Logistik verstanden. Das Flächenmanagement beinhaltet alle Leistungen zur Flächenbelegung, u.a. der Raumplanung und Mieterverwaltung (o.V., 2004b, o.S.).

1.2 Anforderungen an Betreiberkonzepte für Sportstätten

In einem Betreiberkonzept sollten alle relevanten Bereiche, die rund um das Sportstättenmanagement anfallen, geregelt sein. Im Mittelpunkt stehen dabei aus Sicht des Betreibers die Optimierung der Betriebskosten, die Auslastung und die Wirtschaftlichkeit.

Im Wesentlichen muss das Betreiberkonzept Aussagen zur Organisations- und Verwaltungsstruktur, der Personalstruktur, dem Aufbau des Finanzmanagements und

Controllings und der Marketing- und Werbekonzeption treffen und hierzu Einzelheiten festlegen. Im Organisationsbereich sind beispielsweise die Raumplanung der Sportstätte an sich, die Belegungszeiten der Sportstätte, die Organisation der Pflege, Reinigung und Instandhaltung etc. zu berücksichtigen. Im Bereich der Personalstruktur muss zum Beispiel festgelegt werden, ob man in den einzelnen Aufgabenbereichen auf Ehrenamtliche zurückgreift oder hauptamtliches Personal einstellt. Das Finanzmanagement und Controlling stellt den wichtigsten Bereich des Konzepts dar, da von ihm abhängt, ob eine Sportstätte kostendeckend oder sogar rentabel geführt werden kann. Ist kein schlüssiges Finanzkonzept da und werden die Zahlen nicht regelmäßig geprüft, so kann dies schnell zu großen finanziellen Schwierigkeiten führen. Abschließend darf auch der Einsatz moderner Informations- und Kommunikationstechniken nicht unterschätzt werden, da sie ein wesentlicher Stützpfeiler für Mitgliedergewinnung und Mitgliederbindung sind. Zudem kann der Verein damit bei potentiellen Sponsoren auf sich aufmerksam machen.

Insgesamt sollte bei der Erarbeitung des Betreiberkonzepts die Erreichung der Wirtschaftlichkeit der Sportstätte in den Vordergrund gestellt werden. Die Multifunktionalität einer Sportstätte und die daraus resultierende Möglichkeit einer hohen Auslastung bilden dafür eine gute Ausgangslage. Auch wenn das Betreiberkonzept viele Bereiche im Detail regelt, so sollte es dennoch so konzipiert werden, dass der Verein ausreichend flexibel auf veränderte Bedingungen reagieren kann. Das wichtigste ist, dass ein Betreiberkonzept gefunden wird, das die individuelle Ausgangsposition ausreichend berücksichtigt und sich unter den gegebenen Bedingungen umsetzen lässt.

2 SPORTSTÄTTEN

2.1 Eingrenzung und Definition

In den letzten Jahren hat sich der Begriff "Sportanlage" bzw. "Sportstätte" stark gewandelt. Ursprünglich verstand man unter "Sportanlagen" lediglich die sogenannten Kernsportstätten: Sport-/Turnhallen, Sportplätze, Frei- und Hallenbäder. Andere Sportanlagen – zum Beispiel Kegelbahnen, Eishallen, Golfplätze, Flugplätze - wurden unter "sonstige Indooranlagen" bzw. "sonstige Outdooranlagen" erfasst. Durch das neue Sportverständnis in der Bevölkerung wird der Begriff heute viel weiter gefasst. Der SPORT-BROCKHAUS beispielsweise definiert Sport-, Spiel- und Freizeitanlagen folgendermaßen:

> *"Einrichtungen, die zur sportlichen Betätigung und sportorientierten Freizeitgestaltung dienen, wie Spielplätze, Sportplätze, Sporthallen, Schwimmbäder, spezielle Anlagen für einzelne Sportarten (z.B. Kunsteisbahnen, Skipisten und –sprungschanzen, Rollsportbahnen, Tennisanlagen, Golfplätze, Motorsportkurse) mit den erforderlichen Räumlichkeiten und Nebengebäuden."* (SPORT-BROCKHAUS, 1989, 498)

RUMMELT (1998, 258) geht sogar noch ein Stück weiter: Zu den modernen Sportstätten sind *"alle gedeckten und ungedeckten Spiel-, Sport- und Bewegungsräume und –flächen"* zu zählen. Darunter versteht er neben traditionellen Sportstätten auch sportoffene Landschaften wie Sportparks, Spiel-, Sport- und Bewegungslandschaften, aber auch Seen, Wiesen oder Wälder sowie Spiel- und Sportgelegenheiten wie zum Beispiel öffentliche Grünanlagen, Spielstraßen oder ehemalige Industriebetriebsflächen. Diese Sportflächen werden auch als "informelle Sportstätten" bezeichnet.

Im Rahmen dieser Studie wird hauptsächlich auf solche Sportstätten näher eingegangen, die sowohl für den Breiten- und Freizeitsport als auch für den Leistungssport geeignet sind und primär für die Sportausübung gebaut wurden. Damit soll den vorherrschenden Gegebenheiten Rechnung getragen werden, da die meisten Vereine genormte Sportstätten nutzen, die häufig auf den Wettkampfsport ausgerichtet sind. Informelle Sportstätten spielen bei Vereinen in der Regel nur eine untergeordnete Rolle und werden in dieser Studie nicht berücksichtigt.

2.2 Sportstättenbau von 1960 bis heute

Um nachvollziehen zu können, warum sich Kommunen und Vereine heute mit Betreiberkonzepten für Sportstätten auseinandersetzen müssen, wird in diesem Abschnitt die Entwicklung des Sportstättenbaus in den letzten 50 Jahren dargestellt.

Die Deutsche Olympische Gesellschaft erarbeitete und veröffentlichte 1960 den "Goldenen Plan". Bis 1975 galt er als Richtlinie zur Planung von Sportstätten und orientierte sich bei der Bedarfsermittlung von Sportstätten an der Einwohnerzahl. Bund, Länder und Gemeinden sollten in einem gemeinsamen Kraftakt eine flächendeckende Grundversorgung an Sportstätten sicherstellen. In einem Zeitraum von 15 Jahren sollten 31.000 Kinderspielplätze, 14.700 Schulsportplätze, 10.400 Turn-, Spiel- und Gymnastikhallen, 5.500 Gymnastikräume, 2.625 Lehrschwimmbecken, 2.420 Freibäder und 435 Schwimmhallen errichtet werden (RUMMELT, 1998, 239).

Tabelle 1 zeigt die Anzahl der Sportanlagen in den Jahren 1955, 1960 und 1976. Der ausgewiesene prozentuale Zuwachs bezieht sich auf den Zeitraum von 1955 bis 1976.

Tabelle 1: Anzahl der Sportanlagen in den Jahren 1955, 1960 und 1976

Anlagen	1955	1960	1976	Zuwachs
Spielplätze	6.628	12.100	42.806	646%
Sportplätze	15.143	19.000	33.206	219%
Sporthallen	6.184	9.000	21.775	352%
Hallenbäder	198	540	2.960	1494%
Freibäder	2.153	2.500	2.713	126%

Quelle: BREUER, zit. n. ECKL/SCHRADER, 2004, 39

Zwei Jahre nach der Wiedervereinigung, im Jahr 1992, verabschiedete der DSB-Bundestag einen "Goldenen Plan – Ost". Ziel war es, innerhalb der nächsten 15 Jahre den gleichen Versorgungsgrad an Sportstätten wie in Westdeutschland wie zum Zeitpunkt von 1990 zu erreichen. Darüber hinaus sollten vorhandene Sportanlagen grundlegend saniert werden. Diese wiesen zum Teil erhebliche bauliche, sicherheitstechnische und hygienische Mängel auf, die es zu beseitigen galt.

Erst zu Beginn der 90er Jahre wurden die Sportentwicklungspläne auf breiter Ebene diskutiert. BREUER (zit. n. ECKL/SCHRADER, 2004, 40) fasst die Kritik zusammen:

> *"Durch sich ändernde Rahmenbedingungen des Sportstättenbaus, wie z.B. Nutzerbedürfnisse und Nachfrageverhalten, ökonomische und ökologische Voraussetzun-*

gen, Wertewandel und gesellschaftliche bzw. persönliche Voraussetzungen, wird es zusehends schwieriger, treffende Prognosen, sei es in der Bedarfsplanung oder aber auch bei der Objektplanung zu erstellen".

Die Diskussion wurde 1991 durch die Veröffentlichung des "Kölner Leitfadens" weiter angeheizt. Dieser wurde unter Leitung des Bundesinstituts für Sportwissenschaft erstellt und umfasst vier Planungsschritte. Als erstes soll der Bestand an Sportanlagen erfasst werden. Anschließend soll mittels einer empirischen Erhebung die lokale Sportnachfrage ermittelt werden. In einem dritten Schritt soll das ermittelte Angebot und die Nachfrage einander gegenübergestellt werden. Abschließend kann aufgrund der Erkenntnisse durch diesen Vergleich ein Maßnahmenkonzept entwickelt werden (RUMMELT, 1998, 246). HÜBNER (1994, 8) weist darauf hin, dass der *"hohe planerische Anspruch, die Fachterminologie und die komplizierte Darstellungsweise"* die kommunalen Verwaltungen meist überfordert und auf wissenschaftliche Hilfe von außen angewiesen sein lässt. Dadurch wird der Leitfaden auch nur in sehr wenigen Kommunen (4,6 Prozent) angewendet (HÜBNER, 2000, 54). WETTERICH und WIELAND (1995, 12) kritisieren an diesem Verfahren, *"dass hinter diesen mathematischen Berechnungsmodellen, die die Sportentwicklung im Wesentlichen auf die Anzahl und die Frequentierung der Sportstätten reduzieren, ... ein Wachstumsdenken (steht), das – auch in Zeiten zunehmender Konkurrenz um die knapper werdenden kommunalen Räume – vor allem auf die quantitative Erweiterung setzt".* WETTERICH (2002, 16 ff.)[1] hat weitere kritische Fragen zum Kölner Leitfaden aufgeworfen. Die Bestandsaufnahme an Sportstätten orientiere sich zu stark an genormten Sportstätten und lasse Sportgelegenheiten und informelle Bewegungsräume außen vor. Die empirische Erhebung der Sportnachfrage lasse nur schwer einen Schluss auf zukünftige Sporttrends zu, sondern beschreibe lediglich den status quo.

RUMMELT (1998, 257) fordert, dass *"Sportstätten heute, und erst Recht in der Zukunft, die ganze Bandbreite der ausdifferenzierten Sportlandschaft abdecken"* müssen." *Das reicht von den Spielplatzangeboten, über das Rad- und Wanderwegenetz, von den traditionellen Sportstätten bis zu den informellen und formellen Spiel- und Sportgelegenheiten."*

[1] Weitere Kritikpunkte sowie eine ausführlichere Darstellung der genannten Kritikpunkte findet sich bei WETTERICH (2002), 16ff..

Eine Projektgruppe des Instituts für Sportwissenschaft der Universität Stuttgart entwickelte Anfang der 90 er Jahre ein Konzept, mit dem eine bedarfsorientierte Planung sichergestellt werden soll. Um den jeweiligen lokalen Bedarf ermitteln zu können, wird verstärkt auf Sportverhaltensstudien gesetzt, die örtlich begrenzt durchgeführt werden. Eine Möglichkeit, die daraus gewonnenen Erkenntnisse in Planungen für Sportstätten umzusetzen, bietet die "Kooperative Planung". Das Verfahren der "Kooperativen Planung" stützt sich unter anderem auf die Lokale Agenda 21. Von besonderer Wichtigkeit ist hierbei die Vernetzung aller betroffener gesellschaftlicher Gruppen. Nur dadurch können unterschiedliche Sichtweisen in den Planungsprozess eingebracht werden. Diese partizipatorische Planungskonzeption strebt ein Verfahren der konsensualen Entscheidungsfindung an, bei dem von Anfang an Betroffene, Nutzer, Planer und lokale Experten sowie Vertreter lokaler sozialer Gruppen in den Planungsprozess eingebunden werden. Bei der Gestaltung und Planung von Bewegungsräumen und Sportstätten orientiert man sich nicht mehr ausschließlich an pauschalen Berechnungsmethoden (z.B. Goldener Plan), sondern berücksichtigt zusätzlich standortspezifische oder bedürfnisorientierte Merkmale, um lokale und regionale Bedürfnisse befriedigen zu können. Mit der "Kooperativen Planung" lässt sich ein auf die lokalen Bedürfnisse zugeschnittener Planungsprozess durchführen.

Im Zentrum der gesamten "Kooperativen Planung" stehen lokale, dezentrale Planungsgruppen, denen weitreichende Kompetenzen gegeben werden und in weitgehender Selbständigkeit die Planungs-, Entscheidungs- und Umsetzungsprozesse vornehmen. Ziel ist die Zusammenarbeit aller planungsrelevanten Gruppen in einer Planungsinstanz, deren Arbeit mit einem einzigen Planungsentwurf abgeschlossen werden soll (WETTERICH, 2002, 22 ff.).

2.3 Veränderte Anforderungen an moderne Spiel- und Sportstätten

Bis heute gibt es noch kein allgemein anerkanntes neues Konzept für eine Sportstättenentwicklungsplanung. Tatsache ist jedoch, dass sich die Anforderungen an moderne Sportstätten gravierend gewandelt haben. Mehrere Sportverhaltensstudien der letzten Jahre belegen, dass viele Menschen einen Ausgleich im Sport suchen.[2] Das Alter spielt dabei keine Rolle, im Gegenteil: bedingt durch den demografischen Wandel gibt es immer mehr Senioren, die sich in irgendeiner Art und Weise sportlich betätigen wollen. Die meisten der Aktiven treiben heute allerdings aus gesundheits- und fitnessbezogenen Motiven Sport und sehen sich als Freizeitsportler. Sie suchen Erholung, Entspannung und Wohlbefinden sowie Spaß und Freude am Spiel. Das Streben nach Bestleistung und Erfolgen im Wettkampf hat für viele im Sport nur noch eine untergeordnete Bedeutung. Die große Mehrheit der Aktiven betreibt ihren Sport selbstorganisiert und individuell im privaten Rahmen. Dadurch gewinnen informelle Bewegungsräume (z.B. Wald, Wege, Felder, Wiesen) weiter an Bedeutung, da die genormten Sportstätten dem gewandelten Sportbedürfnis nicht gerecht werden können. Trotzdem ist der Sportverein bis heute der wichtigste institutionelle Anbieter von Sport und Bewegung, genießt aber keine Monopolstellung mehr.

Die Kürzungen bei den kommunalen Zuschüssen ist für die Vereine ein weiterer Grund, sich über zukünftige Betreibermodelle von Sportstätten Gedanken zu machen. Die Förderung durch Bund, Länder und Kommunen wird auf absehbare Zeit immer weiter abnehmen. Indizien dafür finden sich beispielsweise im 17. LANDESSPORTPLAN BADEN-WÜRTTEMBERGS von 2004. Darin heißt es unter dem Stichpunkt "Vereinsstättenbau":

> *"Für den Bau von Vereinssportstätten und für die Beschaffung von Sportgeräten als unverzichtbare Infrastruktur für die Ausübung des Sports waren 2002 und 2003 jeweils Mittel in Höhe von über 16,3 Mio. € veranschlagt. Im Rahmen des Haushaltsvollzugs 2003 mussten hiervon zur Erfüllung von Einsparauflagen allerdings Mittel in Höhe von 2 Mio. € gesperrt werden. ... Trotz der angespannten Mittelsituation konnte im Vereinssportstättenbau eine Vielzahl von Investitionen gefördert werden. Der bestehende erhebliche Antragsstau konnte dadurch allerdings nicht reduziert werden."*

Die Sportfördermittel des Landes Baden-Württemberg bestehen zu einem wesentlichen Teil aus den Einnahmen durch Wettspiele (Toto-Lotto). Ursprünglich waren die Reinerträge aus den Wettspielen ausschließlich zur Förderung von gemeinnützigen Zwecken – Sport, Kultur und Soziales – bestimmt. Seit Anfang der 90er Jahre nutzt

---

2 Zahlen, die die folgenden Aussagen belegen können, finden sich beispielsweise in den Sportverhaltensstudien des Instituts für Kooperative Planung und Sportentwicklung in den Städten Freiburg (2003) und Remseck am Neckar (2003) oder in Studien der Universität Stuttgart in den Städten Fellbach (2001), Esslingen (2001) oder Tuttlingen (2001).

das Land Baden-Württemberg diese Sondereinnahmen immer stärker, um Haushaltslöcher zu stopfen. Dies wird aus folgender Tabelle deutlich:

Tabelle 2: Verteilung der Wettmittel

	Sportförderung	**Abschöpfung für Landeshaushalt**
1993	78.738.950 €	13.293.589 €
1994	78.738.950 €	33.029.456 €
1995	78.738.950 €	26.842.824 €
1996	73.294.714 €	41.568.030 €
1997	59.054.212 €	65.854.394 €
1998	62.203.770 €	86.101.553 €
1999	62.203.770 €	110.387.917 €
2000	66.545.661 €	108.496.137 €
2001	66.534.413 €	131.210.790 €
2002	66.534.413 €	117.421.400 €

Quelle: EITEL, 2003, 14

Im Jahr 2004 stehen weitere Kürzungen im Bereich der Sportförderung an. Vor allem die Mittel zur "Bewirtschaftung durch die Sportverbände" wurden drastisch gekürzt. Erst nach heftigen Protesten seitens des Landessportverbands Baden-Württemberg fielen die Kürzungen der Sportförderung etwas moderater aus. Dennoch führt die Kürzung von 10,032 Millionen Euro zu einer Verschärfung der Finanzierungsprobleme im Sport (HIPP, 2004, 2). Die Summe verteilt sich auf die Aussetzung der Sportgeräteförderung (3,8 Millionen Euro), Einsparungen beim Leistungssport (1,3 Millionen Euro) und im direkt vom Ministerium für Kultus Jugend und Sport verwalteten Sportbereich (2,7 Millionen Euro). Die Restsumme soll durch globale Minderausgaben (2,232 Millionen Euro) erbracht werden. HIPP sieht als Folgen der Kürzungen einen Verzicht auf den Neubau von Sportstätten seitens der Vereine mit der Konsequenz, dass zusätzliche Sportangebote nicht mehr gemacht werden können.

Dennoch könnte auch eine Chance in den Kürzungen gesehen werden: *"Der Zwang, Sportstätten zu bauen, könnte dadurch gemildert werden, dass die vorhandenen Sportstätten besser genützt werden."* (HIPP, 2004, 2). Hier gilt es für die Vereine, für die eigenen Sportstätten ein optimales Betreiberkonzept zu finden und/oder die Zusammenarbeit mit der Kommune zu intensivieren bzw. zu beginnen.

2.4 Typologien von Betreiberstrukturen

Auf Grund der geringen Aktualität und der schlechten Vergleichbarkeit der beiden letzten Erhebungen des Sportanlagenbestands aus den Jahren 1988 (nur alte Länder) und 1993 (alte und neue Länder), fasste die Sportministerkonferenz 1997 den Beschluss über eine erneute Bestandserhebung.

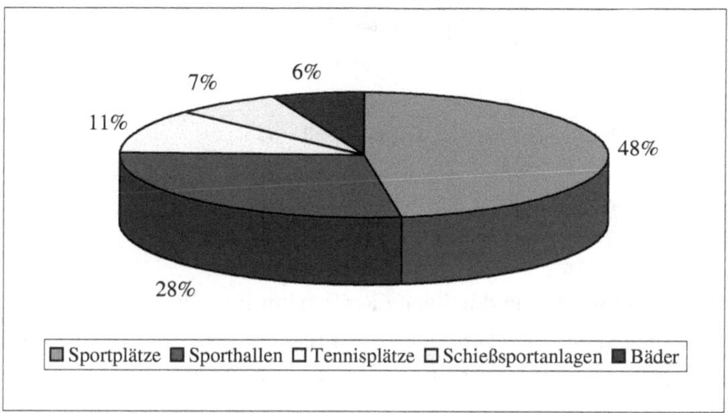

Abb. 1: Verteilung der Sportstättenarten
Quelle: Eigene Darstellung auf Basis der Sportstättenstatistik der Länder 2003

Zum Stichtag 01.07.2000 wurden in Deutschland 126.954 Sportstätten gezählt. In dieser Erhebung fanden private Sporteinrichtungen und spezielle Sportanlagen (z.B. Reit- oder Wassersportanlagen) keine Berücksichtigung. Aus Abb.1 ist ersichtlich, dass in Deutschland ca. 3/4 aller Sportstätten entweder Sportplätze oder Sporthallen sind, wobei die Sportplätze unangefochten den häufigsten Typ ausmachen. Sportplätze und Sporthallen bilden damit die Basis in der Sportinfrastruktur.

Erst in den letzten Jahren ist die Frage nach der Betreiberrolle bei Sportstätten interessant geworden. Bislang wird zwischen folgenden Typen unterschieden: Kommune, Vereine, kommerzielle Betreiber und sonstige öffentliche Hände als Betreiber. Bis heute werden fast 2/3 der Sportstätten von Kommunen betrieben (siehe Abb. 2). Mittlerweile setzen sich aber auch private Betreiber auf dem Markt durch und nicht selten übernehmen Vereine oder Verbände die Sportstätten von den häufig finanziell überforderten Kommunen (SPORTSTÄTTEN-STATISTIK DER LÄNDER, 2003,3).

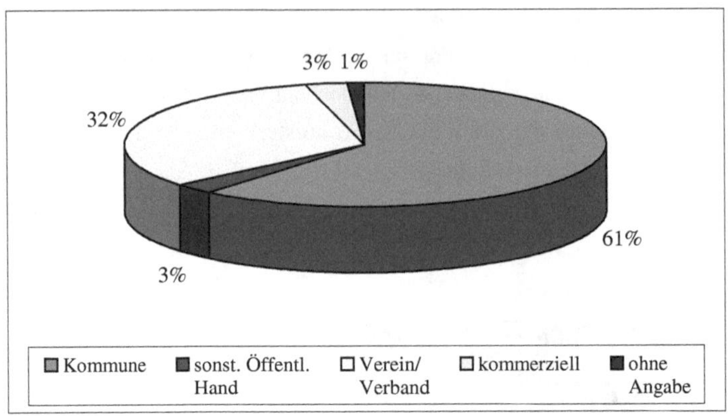

Abb. 2: Betreiber von Sportstätten
Quelle: Eigene Darstellung auf Basis der Sportstättenstatistik der Länder 2003

Noch immer hat die Kommune eine dominante Rolle beim Betreiben von Sportstätten: Bei 85 Prozent aller Sport- und Turnhallen, 79 Prozent aller Bäder (Hallen- und Freibäder), 77 Prozent aller Groß- und Mehrzweckhallen und 66 Prozent aller Sportplätze agiert die Kommune als Betreiber. Etwa 30 Prozent aller Sportplätze werden von Vereinen in Eigenregie betrieben. Bei sportartspezifischen Anlagen haben die Vereine am häufigsten die Betreiberrolle inne: 73 Prozent der Tennisplätze und 86 Prozent der Schießstände befinden sich in Vereinsbesitz. Lediglich bei Eissporthallen tauchen mit 25 Prozent vermehrt kommerzielle Betreiber auf, doch auch hier betreiben die Kommunen mit über 50 Prozent die meisten Eishallen selbst (SPORTSTÄTTENSTATISTIK DER LÄNDER, 2003, 26).

3 DER SPORTVEREIN

Nachdem im letzten Kapitel der Begriff "Sportstätten" definiert und Betreiberstrukturen beschrieben wurden, sollen in diesem Kapitel die Vereine näher beleuchtet werden. Dieses Kapitel soll dabei helfen zu klären, ob Vereine die Voraussetzungen für die Rolle der Verantwortlichen in den verschiedenen Betreibermodellen mitbringen.

3.1 Strukturmerkmale des Sportvereins in Deutschland

Wie die neuesten Vereinsstudien des Instituts für Sportwissenschaft der Universität Tübingen für den Badischen Sportbund und den Württembergischen Landessportbund belegen, ist die Vereinslandschaft in Deutschland sehr vielschichtig und hat eine außergewöhnliche Streubreite hinsichtlich der einzelnen Strukturmerkmale – den typischen Sportverein gibt es nicht (BSB-VEREINSSTUDIE, 2003; WLSB-VEREINSSTUDIE, 2002). So schwankt beispielsweise die Mitgliederzahl bei Vereinen in Nordbaden zwischen 8 und 6.000 Mitgliedern, das Haushaltsvolumen weist Beträge zwischen 120 Euro und bis zu zwei Millionen Euro aus. Es gibt Vereine, bei denen kein Mitgliedsbeitrag zu entrichten ist und Vereine, bei denen ein jährlicher Beitrag bis zu 1.000 Euro zu zahlen ist. Manche Vereine weisen eine mehrere hundert Jahre alte Tradition auf, andere wurden erst im 21. Jahrhundert gegründet (BSB VEREINSSTUDIE, 2003, 8). Zu derartigen Ergebnissen kam auch eine bundesweite Untersuchung der Sportvereine, die von KLAUS HEINEMANN und MANFRED SCHUBERT 1991 durchgeführt und im Jahre 1994 veröffentlicht wurde. Dennoch wird versucht, Vereine in Kategorien zu erfassen, sei es hinsichtlich der Anzahl der Mitglieder, der Anzahl der Abteilungen, ihres Gründungsjahres, des jährlichen Mitgliedsbeitrags, des Haushaltsvolumens oder die Einbettung des Vereins in die Siedlungsstruktur.

In Deutschland überwiegen Vereine mit bis zu 300 Mitgliedern, Großvereine mit über 2.000 Mitgliedern sind seltener. Hinsichtlich der Größe und dem Alter der Vereine besteht ein signifikanter Zusammenhang. Großvereine, aber auch mittelgroße Vereine weisen hierbei ein wesentlich früheres Gründungsdatum auf als kleinere Vereine. Etwas mehr als ein Drittel der Vereine wurden vor dem Zweiten Weltkrieg gegründet, knapp 40 Prozent der Vereine wurden in der Zeit zwischen 1946 und 1980 gegründet. Die Zahl der Vereinsneugründungen hat aber auch in den letzten 20 Jahren nicht nachgelassen und weist einen konstant hohen Wert auf. Über die Hälfte der Vereine sind Einspartenvereine, nur etwa ein Zehntel der Vereine weist mehr als fünf

Abteilungen auf. In der Regel ist die Zahl der Abteilungen mit der Zahl der angebotenen Sportarten identisch (BSB VEREINSSTUDIE, 2003, 6 ff.; WLSB VEREINSSTUDIE, 2002, 4 ff.).

Fast 80 Prozent der Vereine stellen einen Mitgliedsbeitrag von maximal 125 Euro in Rechnung. Knapp ein Drittel der Vereine verfügt über ein Haushaltsvolumen zwischen 10.000 und 30.000 Euro, wiederum knapp ein Drittel verfügt über ein Haushaltsvolumen zwischen 30.000 und 100.000 Euro. Während gut 26 Prozent der Vereine mit weniger als 10.000 Euro pro Jahr auskommen müssen, weisen knapp 14 Prozent der Vereine ein Budget von über 100.000 Euro aus (BSB VEREINSSTUDIE, 2003, 6 ff.; WLSB VEREINSSTUDIE, 2002, 4 ff.).

Die Verteilung der Vereine hinsichtlich des Merkmals "Siedlungsstruktur" hängt von den örtlichen Gegebenheiten ab. Wie aus der nächsten Abbildung ersichtlich, gibt es in Nordbaden und Württemberg deutliche Unterschiede. Während beispielsweise in Nordbaden 17,8 Prozent der Vereine in Kernstädten angesiedelt sind und fast 45 Prozent in hochverdichteten Kreisen (z.B. Sportkreis Karlsruhe), sind es in Württemberg nur fünf Prozent in Kernstädten und 27,4 Prozent in verdichteten Kreisen (z.B. Sportkreis Böblingen) (BSB VEREINSSTUDIE, 2003, 6 ff.; WLSB VEREINSSTUDIE, 2002, 4 ff.).

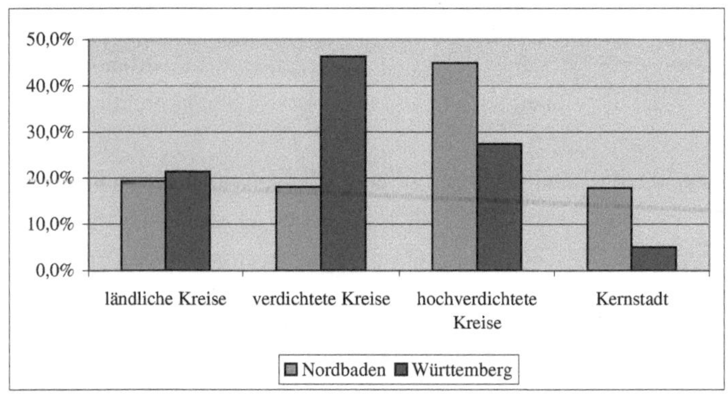

Abb. 3: Ansiedlung der Vereine
Quelle: Eigene Darstellung auf Basis der WLSB / BSB Vereinsstudien

3.1.1 Mitgliederstruktur

Bis kurz nach dem Zweiten Weltkrieg waren die Vereine relativ klein, boten meist nur eine Sportart an, die leistungsorientiert ausgeübt wurde. Demnach waren mehr oder weniger nur Jugendliche und junge Erwachsene im Verein Mitglieder. Dies änderte sich erst mit der vom Deutschen Sportbund gestarteten Breitensportoffensive Anfang der 60er Jahre. In den folgenden Jahren fand ein starker Zulauf zu den Vereinen insbesondere bei den Altersgruppen statt, die bislang im Verein unterrepräsentiert waren. Auch heute betreiben immer noch mehr Jungen als Mädchen Sport in Vereinen, Menschen mit einem höheren Schulabschluss sind stärker vertreten und je größer der Verein ist, desto breiter ist auch die Altersstreuung.

Durch die Verschiebung im Altersaufbau der Bevölkerung und alternative Sportangebote, z.B. im Gesundheitsbereich, nimmt die Gruppe der über 40jährigen stark zu, die Gruppe der 15-18jährigen und der 19-26jährigen dagegen stärker ab – allerdings nur in absoluten Zahlen. Der Organisationsgrad von Kindern und Jugendlichen in den jeweiligen Altersgruppen in Vereinen ist aber weiterhin sehr hoch (Abb.4). Die Kinder und Jugendlichen bleiben die primäre Zielgruppe der meisten Vereine, sie sollen den personellen Unterbau für die Vereine schaffen. Zum einen sind sie als sportlicher Nachwuchs wichtig, zum anderen später als potentielle ehrenamtliche Helfer.

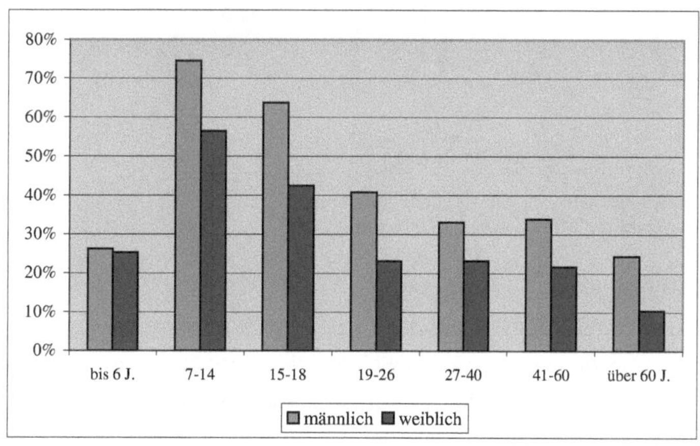

Abb. 4: Altersgruppen im Verein im Verhältnis zur Bevölkerungszahl
Quelle: Bestandserhebung DSB 2003

Die Mitglieder legen, unabhängig vom Alter, vor allem Wert auf Qualität. Dies äußert sich in dem Wunsch nach kompetenten und engagierten Trainern, einer guten Förderung der Jugendarbeit, einer kompetenten und engagierten Vereinsführung und einem guten Zustand der Sportanlagen (BSB VEREINSSTUDIE, 2003).

In der BSB-Vereinsstudie sollten die Befragten auf einer fünfstufigen Bewertungsskala (1 = völlig unwichtig, 5 = sehr wichtig) verschiedene Punkte zunächst nach ihren Präferenzen bewerten. Anschließend wurden sie über ihre Zufriedenheit bei den einzelnen Punkten befragt. Zwischen der Präferenz einzelner Punkte für die Vereinsmitglieder und ihrer Zufriedenheit mit dem tatsächlichen Zustand in ihrem Verein klafft oft eine große Lücke. In Abb. 5 sind einige ausgewählte Beispiele im Vergleich dargestellt.

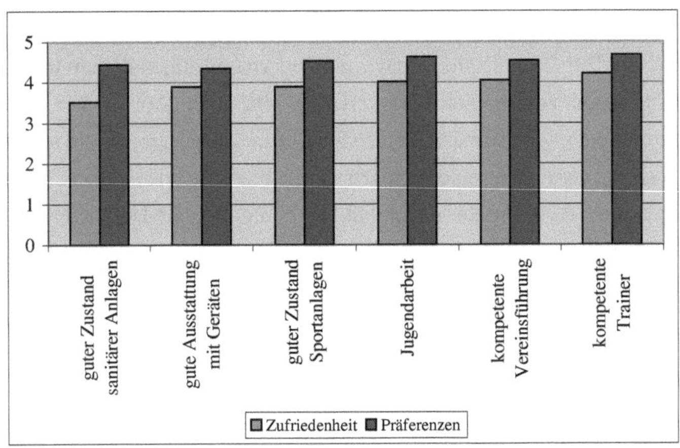

Abb. 5: Präferenzen und Zufriedenheit der Mitglieder im Vergleich
Quelle: Eigene Darstellung auf Basis der BSB Vereinsstudie 2003

3.1.2 Vereinstypen, Angebote und Mitglieder

Die BSB und WLSB Vereinsstudie unterscheidet generell zwischen Einsparten- und Mehrspartenvereinen sowie umsatzstarken Vereinen. Einspartenvereine haben in der Regel eine geringe Mitgliederzahl und ein geringes Haushaltsvolumen. Typische Einspartenvereine sind beispielsweise Tennisclubs, Reitvereine, Schachclubs oder Schießvereine, also überwiegend Vereine, die Individualsportarten anbieten. Mehrspartenvereine zeichnen sich dagegen durch relativ viele Abteilungen und Mitglieder aus und sind meistens vor 1945 gegründet worden. Umsatzstarke Vereine weisen eine hohe Mitgliederzahl und ein sehr hohes Haushaltsvolumen auf. Ein Beispiel für diese Gruppe sind Golfclubs oder Segelvereine. In Baden-Württemberg sind über 85 Prozent der Vereine Einspartenvereine, knapp unter 15 Prozent Mehrspartenvereine und weniger als ein Prozent umsatzstarke Vereine (BSB VEREINSSTUDIE, 2003, 8; WLSB VEREINSSTUDIE, 2002, 6).

Andere Unterscheidungsmerkmale von Vereinen sind sportinterne Kriterien wie Individual- versus Mannschaftssportarten oder Indoor- versus Outdoorsportarten (HEINEMANN/SCHUBERT, 1994, 163 ff.).

Außerdem wird zwischen verschiedenen Vereinskonzepten unterschieden: Solidargemeinschaften versus Dienstleistungsbetrieb, Breiten-/Freizeitsport- versus Leistungssportorientierung, Traditions- versus Zukunftsorientierung. Das Ergebnis der BSB-Vereinsstudie und der WLSB-Vereinsstudie zeigt, dass sich die meisten Vereine als Solidargemeinschaft verstehen und eine Mischung aus Breiten-/Freizeit- und Leistungssport anbieten. Nur sehr große Vereine und Vereine, die Prestigesportarten wie zum Beispiel Golf anbieten, sind stark dienstleistungsorientiert.

Verschiedene Sportarten wie Tennis, Kegeln, Leichtathletik, Kanuslalom oder Squash können nur auf speziell für diesen Sport errichteten Anlagen ausgeübt werden. Im Gegensatz dazu nutzen andere Sportarten Flächen, die primär gar nicht für den Sport gestaltet sind, wie beispielsweise Grünanlagen, Wasserflächen, Berge, Fahrradwege etc. Von diesen Anforderungen an die Sportstätte sind die Investitionskosten, der Erhaltungsaufwand und die Nutzungsmöglichkeiten abhängig. Die meisten Sportangebote der Vereine erfordern eine genormte Sportstätte. Sportarten mit primären Nutzungsflächen finden sich hauptsächlich in mittleren Vereinen, Sportarten mit sekundärer Nutzungsflächen eher in kleinen Vereinen. Je kleiner der Ort, desto größer ist der Anteil der Sportarten auf primären Nutzungsflächen und an Outdoorsportarten. In den Städten werden häufiger Indoorsportarten angeboten, vor allem von kleinen und sehr großen Vereinen (HEINEMANN/SCHUBERT, 1994, 190).

3.1.3 Personalstruktur

Immer mehr Vereine stehen vor der Frage, ob sie sich mangels ehrenamtlicher Helfer und der immer größer werdenden Anforderungen in den Mittel- und Großvereinen zumindest teilweise professionalisieren sollen. Je größer der Verein, desto größer ist der Zeitaufwand für die Ehrenamtlichen. Daraus resultiert auch u.a. die Schwierigkeit von größeren Vereinen, Ehrenamtliche zu finden. Gestiegene Anforderungen an das Ehrenamt lassen Freiwillige auch oftmals vor einer Übernahme einer Aufgabe zurückschrecken. Zudem gibt es mittlerweile auch einen Markt für bezahlte Jobs bei Sportvereinen, so dass Helfer zu zahlungswilligen Vereinen abwandern. Der Leistungsvorteil von Vereinen, von der Vielfalt der beruflichen Qualifikationen und Erfahrungen ehrenamtlicher Helfer zu profitieren, geht so teilweise verloren (HEINEMANN/SCHUBERT, 1994, 214).

Das Ehrenamt fällt, im Gegensatz zum Hauptamt, durch eine relative Offenheit bei der Aufgabenzuweisung auf. Position und Person sind oft kaum zu trennen. Die Ehrenamtlichen bringen Beziehungen zu anderen Amtsträgern und Institutionen oder zusätzliche eigene Ressourcen wie den Privat-Pkw oder Sachmittel mit in das Amt ein. Ein Ehrenamt wird überwiegend von Männern übernommen, die schon seit mehreren Jahren dem Verein verbunden sind und schon öfters ein Amt inne hatten. Dabei handelt es sich meist um Positionen bei der Vereinsführung, die Trainerarbeit wird heute schon überwiegend von bezahlten Kräften geleistet. Der Übergang vom Ehrenamt ins Hauptamt ist ein schleichender Prozess. Er fängt bei einer Aufwandsentschädigung für Ehrenamtliche an und geht über die Anstellung von Teilzeitkräften zu Vollzeitkräften. WEBER vergleicht die Anzahl der Beschäftigten im Zeitablauf:

Tabelle 3: Funktion und Beschäftigte 1986 und 1991 zum Vergleich

Funktion	**1986**	**1991**
bezahlte Übungsleiter	167.394	179.071
bezahltes Wartungspersonal	18.250	19.523
bezahlte hauptamtliche Trainer	5.664	6.059
bezahlte nebenamtliche Trainer	42.792	45.777
Organisationsleiter	17.621	18.851
bezahltes Verwaltungspersonal	8.810	9.425
angestellt Geschäftsführer	1.699	1.818
Summe	264.216	282.515

Quelle: WEBER, 1995, 274

HEINEMANN und SCHUBERT ermittelten in ihrer Studie, dass 59 Prozent der Vereine bezahlte Kräfte im Trainerbereich, 24 Prozent bei der Wartung und Platzpflege und zwölf Prozent in der Verwaltung haben. Mit bezahlten Kräften bezeichnen HEINEMANN und SCHUBERT sowohl Mitarbeiter auf Teilzeit- oder Vollzeitbasis als auch bezahlte Ehrenamtliche.

Auch wenn bezahlte Mitarbeiter in größerem Umfang weitere Ressourcen wie Wirtschaftseinnahmen, Spenden oder Zuschüsse mobilisieren können, so bringt die Professionalisierung doch hohe finanzielle Belastungen mit sich. Als Konsequenz der Verberuflichung zeigt sich eine stark wachsende Budgetsumme, die häufig eine Verringerung der Eigenfinanzierung und damit eine steigende Abhängigkeit von einer Finanzierung durch Dritte mit sich bringt. Eine Professionalisierung zieht häufig auch eine höhere Fluktuationsrate nach sich, da Mitglieder gesteigerte Erwartungen haben und bei Unzufriedenheit und höheren Beiträgen schneller Konsequenzen in Form des Austritts ziehen.

Die Entwicklung geht zu einer bezahlten Ehrenamtlichkeit, das heißt, Ehrenamtliche erhalten eine Aufwandsentschädigung für ihr Engagement. Eine volle Professionalisierung können sich die meisten Vereine auch in Zukunft nicht leisten, da an der Beitragsschraube nicht unbegrenzt gedreht werden kann, die Mitgliederzahlen eher stagnieren und nur selten neue große Finanzquellen erschlossen werden (HEINEMANN/SCHUBERT, 1994, 256). Auch RITTER (2003, 5) hält Professionalisierungstendenzen für unvermeidbar, damit die Sportorganisationen den gewachsenen Anforderungen gerecht werden können. Darunter zählen sowohl soziale Integration als auch Aufgaben im Bereich der Gesundheitsförderung, der Prävention, Rehabilitation bzw. Resozialisation. Trotz allem Anpassungs- und Modernisierungsdruck sollten alle Sportorganisationen an ihren Status als gemeinnützige Organisation festhalten, was RITTER (2003, 5) als *"spezielle Herausforderung"* sieht.

3.1.4 Wirtschaftliche Lage

Es ist relativ schwierig, die finanzielle Lage der Vereine mit Wirtschaftsunternehmen zu vergleichen, da schon in der Struktur große Unterschiede bestehen. Der Verein verkauft keine Güter am Markt, sondern verfolgt eine ideelle Zielsetzung. Das Sportangebot erfolgt im Interesse der Mitglieder und somit von Dritten unbeeinflusst.

Der finanzielle Spielraum von Vereinen ist oft nur sehr gering. Vereine erhalten zwar beachtliche staatliche Subventionen, wie etwa Steuervergünstigungen, oder den Erlass bzw. eine Ermäßigung der Nutzungsgebühren für kommunale Sportstätten. Die meisten Vereine können mit ihrem Budget aber die Infrastruktur für die Ausübung des Sports nicht finanzieren und sind auf die kostenlose oder vergünstigte Nutzung von Sportanlagen angewiesen. Mit den Subventionen wird außerdem der Druck auf die Vereine, sich an Marktgegebenheiten und Kundenwünsche schnell und flexibel anzupassen, stark reduziert. Die wirtschaftliche Bedeutung des Ehrenamts ist dagegen umso größer. Die freiwillige Mitarbeit mindert die Ausgaben an Personalkosten und bindet die Mitglieder auch emotional an den Verein.

Wichtigste Einnahmeposition eines jeden Vereins sind die Mitgliedsbeiträge. Die Mitgliedsbeiträge sind, anders als bei kommerziellen Sportanbietern, ohne direkte Gegenleistung. Die Mitglieder erhalten ein Mitbestimmungsrecht über die Verwendung der Ressourcen und das Recht, alle Leistungen und Angebote des Vereins zu nutzen.

Weitere wichtige Einnahmequellen sind Spenden, der Überschuss bei der Durchführung sportlicher und geselliger Veranstaltungen und Zuschüsse jeglicher Art von Verbänden, Bund, Ländern, Kreis und Stadt. Je nach Größe und Struktur des Vereins fließen noch Einnahmen aus der Vermögensverwaltung, der Verpachtung der Vereinsgaststätte, durch Aufnahme- und Kursgebühren, Werbung (Trikot, Bande, Anzeigen), Sponsoren und eventuell auch Einnahmen aus Übertragungsrechten in die Vereinskassen. Aber nicht jeder Verein kann auf alle aufgezählten Einnahmequellen zurückgreifen. Für einige Vereine kann die Vielfalt der Finanzquellen sogar ein Element der Unabhängigkeit sein (HEINEMANN/SCHUBERT, 1994, 273 ff.)[3].

Die höchsten Ausgabepositionen verzeichnen die Vereine bei Trainergehältern, allgemeinen Verwaltungskosten, Kosten für Versicherungen, Sportgeräten und Sportbekleidung sowie sportlichen und geselligen Veranstaltungen. Weitere Kosten entstehen durch Personal in der Verwaltung und für die Pflege der Sportstätten, durch Aufwandsentschädigungen für die Sportler, Reisekosten, Unterhaltung vereinseigener Sportanlagen oder die Nutzung von Fremdanlagen, Abgaben an die Kreis-, Landes-

---

[3] Eine ausführliche Darstellung der Verteilung der Einnahmen und Ausgaben findet sich bei HEINEMANN/ SCHUBERT, 1994, 273 ff..

und Fachverbände, Steuern, GEMA und unter Umständen auch durch Rückzahlungen von Krediten (HEINEMANN/SCHUBERT, 1994, 273 ff.).

Einige Positionen sind jedoch in den Bilanzen nicht aufgeführt. Dies sind beispielsweise Kosten für ehrenamtliche Tätigkeiten, Nutzungsgebühren für Sportstätten, die durch die Kommune übernommen wurden, Steuervergünstigungen, die Vereine generell erhalten oder auch Schäden in der Natur, beispielsweise durch Skifahren, die Sporttreibende gar nicht zahlen. Da die Höhe dieser Posten bei jedem Verein variiert, ist ein Vergleich kaum möglich.

Dennoch kann man einige tendenzielle Aussagen treffen:
- Vereine mit Mannschaftssportarten erzielen weniger Einnahmen pro Mitglied als Vereine mit Individualsportarten, weil vor allem Jugendliche Mannschaftssportarten ausüben und diese weniger Beiträge zahlen als Erwachsene.
- Outdoorsportarten sind teurer als Indoorsportarten. Außensportanlagen (z.B. Tennisplätze, Reitplatz) können häufiger nur sportartengebunden betrieben werden als Innensportanlagen (z.B. große multifunktionale Sporthalle).
- Vereine mit mehr Sparten haben in der Regel ein höheres Budget als Vereine mit wenigen Sparten. Dies hängt vor allem mit der Größe des Vereins zusammen. Natürlich gibt es aber auch kleine, sehr teure Einspartenvereine, die über ein größeres Budget verfügen als größere Mehrspartenvereine.
- Großstädtische Vereine verfügen, von ihrer Größe unabhängig, über ein höheres Budget als kleinstädtische Vereine. Mit der Einwohnerzahl steigen sowohl die Mitgliederzahlen als auch die Spenden und Zuschüsse. In kleinen Gemeinden geben die Vereine auch weniger Geld für den Spielbetrieb aus als in großen Städten.

3.1.5 Anlagenstruktur

In Kapitel 2.2 wurde bereits die Entwicklung des Sportstättenbaus beschrieben. Die Sportstätten waren, vom Schulsport abgesehen, exklusiv für die Vereine reserviert. Die Überlassung erfolgte unentgeltlich oder gegen eine geringe Gebühr. Doch auch in den 80er Jahren gab es schon Vereine, die Sportstätten selbst gebaut haben und heute noch eigenständig betreiben. Dies sind vorzugsweise große Vereine oder Vereine mit einer großen Abteilungszahl, da ein hoher Mitgliederstand eine Voraussetzung für ein hohes Beitragsaufkommen darstellt. Die Beiträge bei Vereinen mit eigenen Sportanlagen sind in der Regel höher als bei Vereinen ohne eigene Sportstätten

(HEINEMANN/SCHUBERT, 1994, 341). Durch das höhere Beitragsaufkommen ist es leichter möglich, Rücklagen zu bilden. Der Besitz eigener Anlagen macht es bei Banken leichter, einen Kredite zu erhalten, da sie als Sicherheiten dienen können. Trotzdem sind auch die großen Vereine auf die Nutzung von kommunalen Sportstätten angewiesen. Die vereinseigenen Sportstätten reichen oft nicht aus, um den eigenen Bedarf abzudecken.

Auch die Gemeindegröße hat Einfluss auf die Trägerschaft von Sportstätten. Je kleiner der Ort, desto größer ist der Anteil an Vereinen mit eigenen Anlagen. Dies mag auch an einer stärkeren Verbreitung von Sportarten mit sportspezifischen Anlagen wie Reit- oder Schießanlagen in ländlichen Regionen liegen. Zudem sehen HEINEMANN und SCHUBERT (1994, 335) eine bessere Chance der Mobilisierung von Ressourcen durch personelle Verflechtungen der Vereine mit der lokalen Wirtschaft und der Verwaltung.

Die nächste Abbildung vergleicht, wie die Vereinsmitglieder kommunale und vereinseigene Sportstätten bewerten. Die Werte in der Grafik sind die kumulierten von "sehr gut" und "gut".

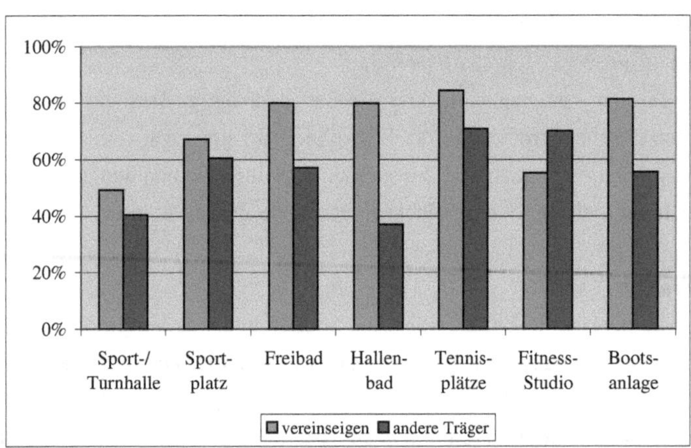

Abb. 6: Bewertung verschiedener Sportanlagen nach Trägerschaften
Quelle: Eigene Darstellung auf Basis der Vereinsstudie von HEINEMANN/SCHUBERT, 1994

Hieraus ist ersichtlich, dass alle vereinseigenen Sportanlagen besser bewertet werden, als Anlagen aus anderen Trägerschaften. Die einzige Ausnahme bilden die Fitness-Studios. 80 Prozent der Befragten stuften durch Vereine betriebene Hallen- und Freibäder als "gut" ein. Den schlechtesten Wert erhielten vereinseigene Turn- und Sporthallen. Die höchsten Werte erhielten sportartspezifische Anlagen wie Tennisplätze oder Bootsanlagen, die sich meistens in Vereinseigentum befinden. Die positivere Beurteilung der vereinseigenen Anlagen mag auch daran liegen, dass hier viel größere Handlungsspielräume hinsichtlich Dauer und Art der Nutzung und ihrer Gestaltung gegeben sind.

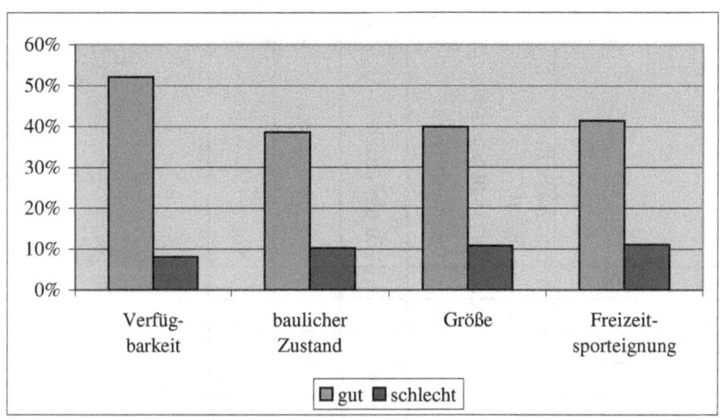

Abb. 7: Mitgliederbefragung zur Sportstättensituation
Quelle: Eigene Darstellung auf Basis der Vereinsstudie von HEINEMANN/SCHUBERT, 1994

Abb. 7 zeigt, dass insgesamt über 50 Prozent der von HEINEMANN und SCHUBERT befragten Vereine die Verfügbarkeit von Sportstätten als "gut" bewerten. Vor allem neu gegründete und junge Vereine haben Probleme bei der Verfügbarkeit, da sie sich bei der Vergabe von Trainingszeiten erst mit anderen Vereinen einigen müssen. Auch Vereine in urbanen Ballungsgebieten stehen eher vor dem Problem zu geringer Anlagenkapazitäten oder einer starken Beschränkung in der zeitlichen Verfügbarkeit.

3.2 Rentabilität von Sportstätten aus Vereinssicht

Die Rentabilität von Sportstätten hängt vom Pflegeaufwand und der Auslastung ab, die Auslastung bei Outdoor-Anlagen ist vom Wetter und der Jahreszeit abhängig.

Tabelle 4 zeigt, wie viele Monate im Schnitt die ausgewählten Sportstätten pro Jahr genutzt werden können. Alle dargestellten Sportstätten können sowohl von Vereinen als auch von Schulen oder Universitäten genutzt werden. Ein Rasenspielfeld kann im Durchschnitt sieben Monate im Jahr belegt werden, eine Turnhalle kann dagegen ganzjährig genutzt werden. Sie eignet sich damit für den Sommer- und Winterbetrieb. Nach DIERKER und DELP müsste eine Normalturnhalle 70 Stunden pro Woche genutzt werden, um eine rentable Auslastung zu erreichen, was einen Durchschnitt von zehn Betriebsstunden pro Tag, also auch an Sonn- und Feiertagen sowie in den Ferien ergibt.

Tabelle 4: Nutzungsmöglichkeiten ausgewählter Sportanlagen

		durchschnittl. monatl. Ganzjahresbetrieb	Sommerbetrieb	Winterbetrieb	Uni-/Schulsport	Nutzerstd./Woche
Rasenspielfeld	45x90	7	x		x	25
Leichtathletikanlage		10	x		x	
Normalhallen	15x27	12	x	x	x	70
Dreifachhallen	45x27	12	x	x	x	3x70
Freibad	50m Bahn	4	x		x	
Hallenbad	25m Bahn	12	x	x	x	70

Quelle: Eigene Darstellung auf Basis von DIERKER/DELP, 1997, o.S.

Als nächstes soll der Wochenstundenbedarf für einzelne Sportarten betrachtet werden. Die Tabelle unterschiedet dabei den Bedarf im Winter und Sommer sowie den Bedarf von Leistungs- bzw. Breitensportgruppen. Es wurden vornehmlich die Sportarten ausgewählt, die in einer Sporthalle, auf einem Sportplatz bzw. einer Leichtathletikanlage oder in Frei- oder Hallenbädern betrieben werden können.

Aus der Tabelle ist ersichtlich, dass der Wochenstundenbedarf bei Sportarten, die ihre Wettkämpfe im Verlauf des Winterhalbjahres austragen, im Winter höher als im Sommer ist. Die Breitensportgruppen haben in der Regel im Sommer und Winter den gleichen Bedarf an Trainingswochenstunden. Die meisten Sportarten, die leistungsmäßig betrieben werden, benötigen noch zusätzliche Trainingsstätten wie beispielsweise einen Kraftraum. Auf diese wurde der Einfachheit halber in der Darstellung verzichtet.

Tabelle 5: Wochenstundenbedarf einzelner ausgewählter Sportarten[4]

		Wochenstd.-bedarf/ Gruppe im Sommer		Wochenstd.-bedarf/ Gruppe im Winter	
Sportart	notwendige Sportanlage	Leistungs-sport	Breiten-sport	Leistungs-sport	Breiten-sport
Aerobic	Gymnastikraum		4		4
Badminton	Sporthalle	8	4	8	4
Basketball	Sporthalle	6	2	8	6
Fitness	Kraft-/Gymnastikraum		4		4
Fußball	Spielfeld	12	4	8	
Gerätturnen	Sporthalle	10		10	
Gymnastik allg.	Sporthalle		2		2
Handball	Sporthalle	8	4	12	4
Leichtathletik	Leichtathletikanlage	8	4		
Schwimmen	Frei-/Hallenbad	10		10	
Tischtennis	Sporthalle	12	4	12	4
Turnen allg.	Sporthalle		2		2
Volleyball	Sporthalle	8	4	12	4

Quelle: Eigene Darstellung auf Basis von DIERKER/DELP, 1997, o.S.

Auch wenn beide Tabellen nur Durchschnittswerte und allgemeine Angaben enthalten, so wird doch deutlich, dass selbst eine optimale Auslastung von einer Normalturnhalle mit angenommenen 70 Wochenstunden, je nach Größe des Vereins und seinen angebotenen Sportarten, für manche Vereine kaum zu leisten ist. Die Auslastung wird etwas höher, je mehr Mannschaftssportarten der Verein anbietet, da jede Mannschaft in der Regel ein- bis zweimal wöchentlich trainiert. Dennoch sind die begehrten Trainingszeiten aller Sportarten zwischen 16 Uhr und 22 Uhr, da Kinder, Jugendliche und auch Erwachsene erst nach Schule bzw. der Arbeitszeit Vereinsangebote um diese Zeit wahrnehmen können. Auch ehrenamtliche Übungsleiter und Trainer können morgens nur selten Stunden abhalten. Damit bleibt eine Lücke von vier Stunden pro Tag bestehen.

[4] Die Angaben für den Leichtathletikbereich wurden von der Verfasserin dieser Studie hinzugefügt. Die Angaben können aber, je nach ausgeübter Disziplin, variieren. Bei leeren Feldern ist eine sinnvolle Angabe nicht möglich, z.B. gibt es bei allgemeiner Gymnastik keinen Leistungssportbereich.

Tabelle 6 gibt einen kurzen Überblick, wie hoch die Pflegekosten für Outdooranlagen sind. Als Beispiel wurden Normplätze mit verschiedenen Belägen ausgewählt. Die Kosten pro Jahr sowie die Nutzungszeiten basieren auf Erfahrungswerten des Württembergischen Landessportverbands. Die Kosten pro Stunde errechnen sich aus den Kosten pro Jahr dividiert durch die Summe der Stunden pro Jahr – entweder mit oder ohne Flutlicht. Falls Flutlicht eingesetzt wird, sind mehr Trainingszeiten auch im Winter möglich, allerdings sind hier die Mehrkosten durch einen höheren Stromverbrauch nicht mit einbezogen.

Tabelle 6: Pflegekosten verschiedener Beläge im Outdoorbereich

	Nutzungszeiten Stunden/Jahr			Kosten pro Jahr	Kosten/Std. m. Flutlicht	Kosten/Std. o. Fluchtlicht
	Apr-Okt	Nov-März m. Flutlicht	Nov-März o. Flutlicht			
Tenne	840	480	240	15.000 €	11,36 €	20,83 €
Rasen	420	200	200	20.000 €	32,26 €	50,00 €
Ricoten	840	480	240	5.400 €	4,09 €	7,50 €
Kunstrasen	840	600	240	14.000 €	9,72 €	16,67 €

Quelle: Eigene Darstellung auf Basis vom WLSB, Sportentwicklungsplanung Welzheim, 2003

Um eine Trainingsstätte kostendeckend betreiben zu können, muss dieser errechnete Stundensatz als Grundlage genommen werden. Dazu kommt eine Pauschale oder ein bestimmter Prozentsatz aus den Kosten, die nicht unbedingt in Stunden umgerechnet werden können, beispielsweise Strom, Versicherung, Wasser oder Kapitalkosten. Demgegenüber stehen Einnahmen beispielsweise aus Vermietung an andere Vereine oder Organisationen, Nutzungsgebühren (bezahlt von eigenen Mitgliedern bzw. Abteilungen) oder Unterhaltungszuschüssen der Kommune. WEHR (2001, 70 ff.) kommt zu dem Schluss, dass bei Gymnastikräumen oder Turnhallen eine 100 prozentige Kostendeckung möglich ist, sofern das Sportangebot nachfragerorientiert ist und ein kostendeckendes Teilnehmerentgelt verlangt wird. Auch bei einem Fitness-Studio sei ein Kostendeckungsgrad von 100 Prozent zu erreichen. Outdoor-Anlagen erreichten seiner Einschätzung nach gerade einmal einen Kostendeckungsgrad von fünf Prozent. Selbst eine Tennisanlage im Freien sei nur dann kostendeckend zu betreiben, wenn je Platz zwei Belegungen pro Tag zu einem Preis von 14 Euro erfolgen – und das 365 Tage im Jahr.

Um die Rentabilität einer Sportstätte beurteilen zu können, muss nicht nur die Auslastung der Sportstätte optimal sein, sondern auch die Kosten den Einnahmen gegenüber gestellt werden. Die nächste Tabelle zeigt, welche Kosten beim Betrieb einer vereinseigenen Sportstätte noch anfallen und direkt der Sportstätte zugerechnet werden können.

Tabelle 7: Betriebskosten von Sportstätten

Betriebskosten	**Bemerkung**
Gebäudereinigung	Faustformel: ca. 0,50 €/qm (ohne Fensterreinigung)
Pflegekosten Outdoorbereich	Rasenmähen, düngen, bewässern...
Reinigung und Pflege von Grünflächen	
Abwasser und Wasser	Gebühren, nutzereigene Kosten
Energiekosten	Faustformel: ca. 0,50 €/qm/Monat für Beheizung
Stromverbrauch	
Instandhaltungsrücklagen (Reparaturen, Anschaffungen, Wartung)	
Personalkosten	Hausmeister, Putz- und Büropersonal
Kapitalkosten	Zinsen für Kredite, Tilgung
Verwaltungskosten	Büromaterial, Telefon, Post, Bankgebühren, Steuerberater, Rechtsberater,...
Steuern	Für Gebäude und Grundstück, Gewerbesteuern (sofern kommerziell betrieben)
Versicherungen	Gebäudefeuerversicherung, Gebäudehaftpflichtversicherung, Betriebshaftpflichtversicherung, Wasserschadensversicherung Diebstahlversicherung, Vandalismusversicherung, Unfallversicherung
Sonstige Kosten	z.B. Schornsteinfeger

Quelle: Eigene Darstellung auf Basis von WEHR, 2001, 62 ff.

Die Rentabilität von Sportstätten aus Vereinssicht hängt als wesentlich davon ab, ob und wie viele Einnahmen aus der Nutzung erzielt werden können. Die Nutzungsgebühren pro Stunde sinken, je stärker die Sportstätte ausgelastet ist, da die Fixkosten durch eine größere Anzahl an Nutzern geteilt werden kann.

3.3 Probleme von Vereinen

Vereine kämpfen immer wieder mit verschiedenen Problemen, die in jedem Verein unterschiedlich stark ausgeprägt sind. Die Problemfälle sind abhängig von Größe und Alter des Vereins. In älteren Vereinen, die in der Regel auch relativ groß sind, stehen andere und häufig mehr Probleme an als in kleinen Vereinen.

Einige Probleme wurden in den vorangegangenen Unterpunkten schon angesprochen. Die wichtigsten Punkte sollen hier nochmals zusammenfassend dargestellt werden:

Veränderung in der Struktur der Mitglieder:

- Auf Grund der demographischen Entwicklung nimmt die Gruppe der zwischen 21- und 30jährigen weiter ab, die Gruppe der zwischen 31- und 40jährigen weiter zu.
- Es zeichnet sich für die nächsten Jahre ein "Verteilungskampf" um ein immer kleiner werdendes Klientel, nämlich die Kinder und Jugendlichen, ab.
- Senioren treiben noch vergleichsweise wenig Sport in Vereinen, sie bilden die neue Zielgruppe
- Vereine haben es vermehrt mit heterogenen Personengruppen zu tun, deren verschiedenen Interessen, Ansprüche und Erwartungen an den Verein koordiniert und erfüllt werden wollen.

Struktur des Sportangebots:

- Die Motive der Sporttreibenden haben sich vom Streben nach Leistung in den Wunsch nach Gesundheit und körperlicher Fitness, Spaß und Geselligkeit gewandelt. Das Sportangebot muss dementsprechend angepasst werden.
- Vereine haben ihr Organisations- und Angebotsmonopol verloren und bekommen zunehmend Konkurrenz durch weitere Sportanbieter. Kommerzielle Anbieter sind in einigen Bereichen stark im Kommen und es gibt vermehrt Angebote von (halb-) staatlichen Einrichtungen. Zudem machen sich Vereine untereinander Konkurrenz. Es gibt außerdem Konkurrenz durch informelles Sporttreiben, d.h. Menschen treiben individuell, unabhängig jeglicher Anbieter, ihren Sport. Deshalb muss ein Verein heute flexibel auf Veränderungen in der Nachfrage und auf neue Trends reagieren, um Mitglieder zu halten und neue zu gewinnen.

Ehrenamtliche Mitarbeit:

- Vereine sind weiterhin als preiswerter Sportanbieter geschätzt, aber es gibt nicht mehr eine so starke Identifikation wie früher mit dem Verein. Das Engagement im Verein geht häufig nicht über die Verwirklichung eigener Sportinteressen hinaus. Mit steigender Vereinsgröße und Abteilungszahl steigt auch der Arbeitsaufwand von Ehrenamtlichen. Es wird zunehmend schwieriger, Menschen für das Ehrenamt zu gewinnen, da die zeitliche Belastung durch Beruf, Familie und Freizeit immer weiter ansteigt. Dadurch geht die Tendenz zu bezahlten Mitarbeitern, was ein enormes Ansteigen der Personalkosten zur Folge hätte. Die Ehrenamtlichkeit muss daher aus ökonomischen Gründen zentrale Ressource von Vereinen bleiben.
- Die Anforderungen an ehrenamtliche Mitarbeiter ist in den letzten Jahren enorm gestiegen. Der Vorsitzende muss Management-Kenntnisse aufweisen, der Trainer muss nicht nur sein Fach beherrschen, sondern er sollte auch Grundkenntnisse in Pädagogik und Psychologie haben. Somit kann die Arbeit im Verein immer weniger von Laien bewältigt werden.

Finanzierung der Vereinsarbeit:

- Mit einer zunehmenden Professionalisierung des Vereins steigen auch die Kosten.
- Einnahmen durch Werbung oder Zuschauer gehen immer weiter zurück, alternative Einnahmequellen gewinnen zunehmend an Bedeutung. Je vielfältiger die Einnahmequellen, desto größer ist die Unabhängigkeit der Vereine.
- Kommunale Zuschüsse wie etwa Nutzungsrechte für Sportstätten, Unterhaltungskostenzuschüsse etc. werden durch die angespannte Haushaltslage der Kommunen weiter zurückgehen.

Sportstätten:

- Vereine sind bei ihren Angeboten zeitlich eingeschränkt und sowohl von der Verfügbarkeit ehrenamtlicher Trainer und Übungsleiter als auch häufig von der Bereitstellung kommunaler Sportstätten abhängig. Kommunale Sportstätten werden wiederum häufig von den Sporttreibenden als weniger attraktiv empfunden. Kommerzielle Anbieter weisen oft ein ansprechenderes Ambiente auf, das von den Kunden geschätzt wird.
- Die von Vereinen genutzten Sportstätten (unabhängig davon, ob sie von der Kommune gemietet oder in Eigenregie betrieben werden) sind häufig einseitig auf den Wettkampf- und Leistungssport ausgerichtet. Bis heute werden kaum Sportstätten

geplant oder umgebaut, die dem Wandel im Freizeitverhalten der Bevölkerung gerecht werden. Dadurch fällt es den Vereinen schwer, zum Beispiel Angebote im Trendsportbereich zu machen.

- Nicht ausreichende nachfragerorientierte Angebote und die Abhängigkeit von ehrenamtlichen Trainern und Übungsleitern macht es schwer, eine vereinseigene Sportstätte optimal auszulasten. Dies hat wiederum zur Folge, dass die Unterhaltungskosten der Sportstätte pro Kopf steigen. Bei sinkenden Einnahmen durch weniger Nutzungsgebühren wird eine Kostendeckung fast unmöglich.
- Eine Möglichkeit, die Auslastung zu verbessern, wäre, nicht genutzte Zeiten mit Schulsport oder Angeboten im Seniorenbereich zu füllen. Dies setzt voraus, dass der Schulsport einen Bedarf hat, der nicht über eigene Anlagen gedeckt werden kann. Für Angebote im Seniorenbereich müssen Übungsleiter und Trainer für morgendliche Angebote zur Verfügung stehen. Eine weitere Möglichkeit wäre im Bereich "Kooperation Schule-Verein".

Aus der Vielzahl der hier erwähnten Problemfelder soll das Betreiben von Sportstätten durch Vereine herausgegriffen und Lösungsansätze dargestellt werden.

4 SPORTVEREINE ALS BETREIBER VON SPORTSTÄTTEN

4.1 Betreiberkonzepte

Im folgenden sollen vier verschiedene Betreiberkonzepte vorgestellt werden, die für Vereine zur Bewirtschaftung ihrer Sportanlagen in Frage kommen. Zur besseren Veranschaulichung werden alle Konzepte anhand eines Beispiel näher erläutert.

4.1.1 Betreiben eigener Vereinsanlagen im e.V.

Wenn ein Betreiberkonzept für die eigene Vereinsstätte gesucht wird, hängt vieles davon ab, ob man für eine noch zu bauende oder für eine bereits vorhandene Sportstätte ein Konzept entwickeln will. Bei einer bereits vorhandenen Sportstätte müssen bei der Konzeption verschiedene Gegebenheiten berücksichtigt werden, während man bei einem Neubau vieles vorher berücksichtigen kann.

4.1.1.1 Vorüberlegungen bei einem Neubau

Stellt ein Verein Überlegungen an, eine eigene Sportstätte zu bauen, sollte er im Vorfeld folgende Punkte abarbeiten:

- Bedarfsermittlung
- Standortanalyse
- Flächen- und Raumkonzept
- Investitions- und Finanzierungskonzept
- Betriebskosten
- Personalkonzept
- Marketing- und Werbekonzept

An vorderster Stelle steht die Bedarfsermittlung, mit deren Hilfe herauszufinden ist, ob eine optimale Auslastung der Sportstätte überhaupt erreicht werden kann. Hierzu kann beispielsweise eine Mitglieder- und/oder Bevölkerungsbefragung durchgeführt werden. Damit kann ermittelt werden, ob die neue Sportstätte überhaupt akzeptiert werden würde. Außerdem kann die Mitgliederentwicklung des Vereins und die Bevölkerungsentwicklung der Kommune einen Hinweis darauf geben, wie groß die maximale Nutzergruppe sein kann.

Des weiteren sollte geklärt werden, ob es konkurrierende Sportstätten gibt, die die Auslastung der neuen Sportstätte verringern könnte. Zudem können Überlegungen angestellt werden, welche weiteren potentiellen Nutzergruppen für die neue Sportstätte in Frage kommen. Dies können beispielsweise der Schulsport, andere Vereine oder freie Sportgruppen sein.

Bei der Standortanalyse ist die Verkehrsanbindung ein wichtiger Faktor. Die Sportstätte sollte sowohl mit dem Auto als auch mit öffentlichen Verkehrsmitteln gut erreichbar sein. Zudem sollten ausreichend Parkmöglichkeiten vorhanden sein. Falls der Standort etwas außerhalb liegt, müssen die eventuell noch notwendigen Erschließungskosten in die Baukosten miteingerechnet werden. Für den Bau an sich ist zu prüfen, ob es Bauauflagen gibt. Dies können Lärmschutzvorschriften, Abstandsflächen, Vorgaben durch den Bebauungsplan oder Vorschriften für den Naturschutz sein. Bei den Planungen für die Sportstätte ist abzuwägen, ob in Zukunft Erweiterungen notwendig werden könnten. Für diesen Fall sollten Möglichkeiten vorhanden sein, die Sportstätte baulich zu verändern.

Bei den Planungen ist auf ein schlüssiges Flächen- und Raumkonzept zu achten. Es sollte dem Bedarf angepasst sein, darf aber auch nicht die Finanzierbarkeit außer Acht lassen. Zu überlegen ist, ob eine normgerechte Sportstätte gebaut werden soll oder ob eine (multi-)funktionale Trainingshalle bzw. ein Trainingsplatz ausreicht. Wie schon bei der Standortanalyse erwähnt, sollten in den Planungen auch hier Erweiterungsmöglichkeiten berücksichtigt werden.

Das Hauptaugenmerk muss auf dem Investitions- und Finanzierungskonzept liegen. Zunächst sollten alle Investitionskosten aufgelistet und realistisch eingeschätzt werden. Dazu gehören Planungs- und Baukosten, Erschließungskosten, Notarkosten und eventuell Grundstückserwerbskosten sowie Kosten für die Erstausstattung der Anlage. Steht die Höhe der Investitionskosten fest, muss ein Finanzierungskonzept erstellt werden. Die Finanzierung kann über Eigenkapital, Bankkredite, Zuschüsse von Kommune, Land oder Sportverbänden, Spenden oder Sponsoren erfolgen. Meistens wird eine Mischfinanzierung angestrebt. Bei einer Finanzierung über Bankkredite verlangt die Bank in der Regel Sicherheiten, wie beispielsweise Grundstücke, Gebäude oder die Abtretung zukünftiger Einnahmen.

Um auch den laufenden Betrieb der Sportanlage sicherstellen zu können, müssen schon im Vorfeld die Betriebskosten abgeschätzt und kalkuliert werden. Wenn die

Sportstätte zu keinem Zeitpunkt Gewinne erwirtschaften kann und die laufenden Kosten auch nicht über sonstige Einnahmen finanziert werden können, sollte von einem Bau abgesehen werden. Am einfachsten ist es, eine Einnahmen-Überschuss-Rechnung für einen Zeitraum von fünf bis zehn Jahren aufzustellen. Ausgabepositionen sind Personalkosten, Pflege- und Instandhaltungskosten etc. (vgl. Kapitel 4.2, Tabelle 7). Einnahmequellen können Vermietung und Verpachtung sowohl der Sportstätte als auch einer Gaststätte, Spenden, Sponsoring, Werbeeinnahmen oder Zuschüsse sein.

Da die Personalausgaben in der Regel die höchste Ausgabeposition darstellt, ist die Personalplanung ebenfalls im Konzept zu berücksichtigen. Zunächst sollte eine Zusammenstellung aller notwendigen Aufgabenbereiche wie Hausmeister/Platzwart, Reinigungskräfte, Trainer und Übungsleiter und Büropersonal erstellt werden. Anschließend muss auf dieser Grundlage der tatsächliche Personalbedarf ermittelt werden. An dieser Stelle sollte auch überlegt werden, ob die Aufgabenbereiche von Ehrenamtlichen erfüllt werden können oder ob Personen fest angestellt werden sollten.

Auch wenn Vereine nicht in der Bundesliga spielen und damit keine TV-Einnahmen verbuchen oder hohe Sponsorengelder akquirieren können, so ist doch ein fundiertes Marketing- und Werbekonzept sinnvoll und notwendig. Je nachdem, um was für eine Sportstätte es sich handelt, sind zielgruppengerechte Marketingmaßnahmen durchaus angebracht. Dies ist vor allem für Fitness-Studios, aber auch für Bäder relevant, die neue Mitglieder bzw. Kundengruppen anwerben müssen. Wird die Öffentlichkeit auch über den Neubau einer Turnhalle oder eines Sportplatzes informiert, steigert das den Bekanntheitsgrad der Anlage und weckt unter Umständen das Interesse bei potentiellen neuen Mitgliedern, Spendern und Sponsoren. Für den späteren Betrieb können Angebote an Sponsoren gemacht werden. Neben dem Klassiker Werbebande ist für manchen Sponsor oder Spender das Anbringen des Logos bzw. Namens auf Sportgeräten oder Fahrzeugen interessant.

4.1.1.2 Vorbereitung auf die Inbetriebnahme

Wenn die Vorüberlegungen abgeschlossen sind und die Entscheidung für einen Neubau positiv ausfiel, kommt mit der Vorbereitung auf die Inbetriebnahme der Sportstätte die zweite Phase. Auch hier gibt es wieder verschiedene Punkte abzuarbeiten.

Im Gegensatz zu der Planungsphase können die folgenden Punkte alle parallel bearbeitet werden:

- Entwicklung des Sportprogramms
- Aufbau der Verwaltungsstruktur
- Aufbau der Personalstruktur
- Festlegung der Beitragssätze
- Erstellung von Verträgen
- Gebäudemanagement

Die Entwicklung des Sportprogramms ist eigentlich nur bei der Gründung eines Fitness-Studios relevant. Bei einer Turnhalle oder einem Sportplatz ist relativ klar, welche Abteilung die Sportstätte nutzt bzw. welche Sportart in der jeweiligen Sportstätte betrieben werden kann. Allerdings ist in diesem Fall die Koordination der Trainingszeiten wichtig. Am einfachsten ist es, wenn die Abteilungen Wünsche abgeben und auf dieser Basis ein Belegungsplan erstellt wird. Ist die Schule Mitnutzer der Sportstätte, muss der Belegungsplan für jedes Schuljahr angepasst werden. Außerdem können sich Änderungen zwischen Sommer- und Wintertrainingszeiten ergeben. Falls die Sportstätte nicht ausgelastet ist, kann der Verein zusätzliche Angebote machen, muss dabei aber die Nachfrage berücksichtigen und eventuell zusätzliche Trainer und Übungsleiter finden.

In der Regel ist in den Vereinen schon eine Verwaltungsstruktur vorhanden. Größere Änderungen kommen dann auf den Verein zu, wenn er sich entschlossen hat, eine Geschäftsstelle einzurichten und damit professionelle Strukturen aufzubauen. Dabei sollte das Grobkonzept aber schon in der Planungsphase erarbeitet worden sein. Kurz vor der Inbetriebnahme muss ein Feinkonzept erstellt und in die Tat umgesetzt werden. In diesem Feinkonzept geht es dann beispielsweise um Hierarchieebenen in der Geschäftsstelle oder um die Einrichtung derselben.

Eng mit dem Aufbau der Verwaltungsstruktur hängt auch der Aufbau der Personalstruktur zusammen. Zunächst sollten Anforderungsprofile bzw. Stellenbeschreibungen für die einzelnen Stellen erstellt werden. Abhängig von den Qualifikationsanforderungen wird dann ein faires Bezahlungssystem entwickelt. In dieser Phase sollten Gespräche mit Bewerbern für die freien Stellen geführt und Entscheidungen getroffen werden.

Ein weiterer wichtiger Punkt ist die Festlegung der Beitragssätze. Die Beitragssätze sollten zu einem großen Teil die laufenden Kosten decken. Bei einem Neubau von einem Bad oder einem Fitness-Studio müssen die Beiträge festgelegt werden. Baut ein bereits bestehender Vereine eine neue Turnhalle oder einen Sportplatz muss überprüft werden, ob die bestehenden Beitragssätze angepasst werden müssen. Falls man die Kosten nicht allen Mitgliedern auferlegen will, kann ein Beitragssystem für die Nutzer der Sportstätte entwickelt werden. Dabei werden die Gesamtkosten auf einen Satz pro Stunde umgerechnet und den jeweiligen Nutzergruppen in Rechnung gestellt. In diese Gesamtkosten müssen sowohl die Kosten für Trainer oder Übungsleiter als auch Kosten für Energie, Wasser etc. eingerechnet werden.

Das Aufsetzen von Verträgen spielt nicht nur bei der Neueinstellung von Personal eine Rolle. Zunächst muss überlegt werden, welche Sachverhalte vertraglich geregelt werden sollten. Dies können Verträge mit den jeweiligen Nutzergruppen, Sponsorenverträge, eventuell ein Pachtvertrag mit einem Gastwirt oder auch Verträge mit Lieferanten für den Gastronomiebereich sein. Des weiteren ist es ratsam, solche Verträge von einem Juristen aufsetzen, zumindest aber prüfen zu lassen. Unter Umständen ist auch ein Mandat an ein Steuerbüro zu erteilen, das sich um die steuerlichen Angelegenheiten kümmern kann.

Abschließend ist das Gebäudemanagement im Detail zu planen. Die Aufgabenbereiche und Kompetenzen des Personals müssen endgültig festgelegt werden. Dabei müssen die Zuständigkeiten für die Wartung und Instandhaltung geregelt werden, es muss klar sein, ob jeder Trainer oder Übungsleiter einen Schlüssel zur Sportstätte erhält oder ob der Hausmeister den Schlüsseldienst übernimmt. Ebenso muss die Anzahl der Reinigungen der Sportstätte pro Woche festgelegt werden. Bei einer Turnhalle ist eine tägliche, zumindest besenreine, Reinigung mit Sicherheit notwendig. Bei einem Sportplatz fallen natürlich andere Reinigungsarbeiten, wie beispielsweise Laub zusammenfegen oder Müllkörbe leeren, an.

4.1.1.3 Management von Sportanlagen

Ein gutes Management ist besonders bei Sportanlagen wichtig, da oftmals die Kosten über den Einnahmen liegen. Um dennoch eine möglichst hohe Kostendeckung zu erreichen, muss alles gut geplant und organisiert sein. Die Schwerpunkte sollten hierbei beim Personalmanagement, der Betriebsanalyse bzw. dem Controlling, der Qualitätssicherung und den Marketing- und Werbeaktionen liegen.

Es ist von Vorteil, wenn das Personal motiviert, engagiert und zufrieden mit seiner Arbeit ist. Um dies zu erreichen, sollte den einzelnen Personen echte Verantwortung für ihren Bereich übertragen werden. So können sie in einem vorgegebenen Rahmen eigenverantwortlich arbeiten und Entscheidungen treffen. Regelmäßig sollten gemeinsam die Ziele des Vereins besprochen und festgelegt sowie Strategien zur Zielerreichung besprochen werden. Da auch das Personal einen wesentlichen Beitrag zur Qualitätssicherung leistet, muss allen Mitarbeitern Fort- und Weiterbildungsmaßnahmen ermöglicht werden - ob dies der Computerkurs für das Büropersonal, ein Seminar zum Vereinsmanagement, eine Trainerfortbildung oder ein Platzpflegeseminar für den Platzwart ist.

Die Betriebsanalyse und das Controlling bilden den schwierigsten Bereich. Es müssen Ziele und Kennzahlen erarbeitet werden, auf deren Basis ein Controlling überhaupt erst stattfinden kann. Zunächst muss entschieden werden, wer die Ziele festlegt und deren Erfüllung später kontrolliert. Die Zielfestlegung sollte idealerweise gemeinsam mit den Mitgliedern und dem Personal erfolgen. Die Kontrolle übernimmt in der Regel der Geschäftsführer oder derjenige, der sich im Verein um den Bereich Finanzen kümmert. Ziele für einen Verein können beispielsweise Mitgliederwachstum, Mitgliederbindung, Errichtung eines Sponsorenpools, Kostendeckung der Sportstätte etc. sein. Kennzahlen für diese Ziele sind der Prozentsatz des Mitgliederwachstums, die Anzahl der Austritte in einem bestimmten Zeitraum, Anzahl der akquirierten Sponsoren in einem bestimmten Zeitraum, Grad der Auslastung der Sportstätte oder Höhe der Einnahmen durch Nutzungsgebühren. In den Bereich der Betriebsanalyse gehört aber auch der sogenannte Öko-Check. Hierbei sollte regelmäßig überprüft werden, wie hoch der Wasser- und Energieverbrauch ist und ob es dort nicht Einsparungsmöglichkeiten gibt, wie beispielsweise das Installieren von Zeitschaltuhren bei Duschen oder Lichtern, die Verwendung von Regenwasser für die Bewässerung der Grünanlagen oder die Verwendung von Solarenergie. Für jedes Ziel, das festgelegt wird, muss eine Kennzahl gefunden werden, die das Ziel kontrollierbar werden lässt. Selbst scheinbar subjektive Ziele wie "ein gutes Image" können beispielsweise durch Mitglieder- oder Bevölkerungsbefragungen ermittelt werden. Dies ist allerdings ein sehr aufwändiges und teures Instrument, das nicht zu häufig eingesetzt werden kann.

In regelmäßigen Abständen müssen die Ziele überprüft und eventuell angepasst werden.

Die Qualitätssicherung hängt wiederum eng mit dem Personalmanagement und dem Controlling zusammen. Das Vereinsangebot ist nur so gut wie sein Personal und die zur Verfügung stehenden Sportstätten. Wie schon oben erwähnt, sollte das Personal regelmäßig Fort- und Weiterbildungen besuchen und die Sportanlage sollte stets gut gepflegt und sauber gehalten werden. Gerade letzteres ist zu einem großen Teil von den Nutzergruppen abhängig. Es muss sichergestellt werden, dass die Nutzer bzw. die Gruppen sachgerecht mit den Geräten umgehen und die Sportstätten nach Ende des Trainings aufgeräumt und sauber verlassen werden. Auch hier sollte der Verein Qualitätsstandards entwickeln und die Einhaltung regelmäßig überprüfen.

Abschließend sollen Marketing- und Werbeaktionen angesprochen werden. Für diesen Bereich ist insbesondere die Öffentlichkeitsarbeit wichtig. Mit regelmäßigen Berichten in der Presse über die Aktivitäten hält sich der Verein im Blickpunkt der Öffentlichkeit. Dabei braucht nicht ausschließlich über Wettkampf- oder Spielergebnisse geschrieben zu werden, sondern es kann auch über außersportliche Aktionen, wie ein großer Arbeitseinsatz, eine Kinder- und Jugendfreizeit, Ausflüge oder Aktionstage berichtet werden. Neben den Presseberichten sind eine gut gepflegte aktuelle Homepage, eine Vereinszeitschrift, Schnuppertage, Teilnahme am Kinderferienprogramm etc. Möglichkeiten, in eigener Sache Werbung zu machen. Je häufiger der Verein im Blickpunkt der Öffentlichkeit steht, desto attraktiver stellt er sich für potentielle Sponsoren, Spender und potentielle neue Mitglieder dar. Wichtig sind vor allem zielgruppenorientierte Marketing- und Werbemaßnahmen. Auch hier ist es wieder wichtig, vorher ein Budget für die Aktionen festzulegen und die Effizienz der Aktionen zu überprüfen.

Die meisten Vereine betreiben ihre eigene Sportstätte innerhalb des e.V. Manche der größeren Vereine haben den Sportstättenbereich aber auch in eine Kapitalgesellschaft ausgegliedert. Das Management von Sportanlagen ist jedoch unabhängig vom Betreiberkonzept. Auch bei den folgenden drei Betreiberkonzepten kann und muss der Verein auf die in diesem Abschnitt besprochenen Punkte wieder zurückgreifen.

4.1.2 Übernahme städtischer Sportanlagen

Vereine nutzen häufig kommunale Sportanlagen für ihren Trainingsbetrieb. Dies geschieht auf die unterschiedlichste Art und Weise. Normalerweise überlässt die Kommune die Sportanlagen gemeinnützigen Vereinen nach einer bestehenden Benutzerordnung. Immer mehr Kommunen verlangen mittlerweile Benutzergebühren oder Energiekostenbeiträge. Die Möglichkeiten für die Erhebung von Benutzergebühren ist dabei sehr vielfältig: eine Erhebung nur bei Wettkämpfen auf Grund von Einnahmen durch Verkauf und Eintritt, Befreiungen für den Trainingsbetrieb, Kostenbefreiung für Jugendgruppen oder eine kostendeckende Gebühr für nicht gemeinnützige Antragsteller sind hier denkbar. Um die Betriebskosten aus kommunaler Sicht für eine Sportstätte zu reduzieren oder Vereine, die die Sportstätten nutzen, an den Kosten zu beteiligen, sind bereits einige Städte, Gemeinden und Kreise dazu übergegangen, den Sportvereinen die Sporträume auf Grundlage entsprechender Verträge in eigener Regie zu übertragen. Auch hier gibt es wieder mehrere Möglichkeiten.

4.1.2.1 Übertragung der Schlüsselverantwortung

Die Übertragung der Schlüsselverantwortung bedeutet, dass Vereinen für städtische Sportanlagen die Schlüssel für eine zeitlich begrenzte Nutzung überlassen werden. Die Sportanlage selbst bleibt dabei in kommunalem Eigentum. In einem Vertrag wird die Dauer der Nutzung sowie eine eventuell erhobene Nutzungsgebühr festgelegt. Im Zeitraum der Nutzung übernimmt der Verein die Verantwortung für die Sportanlage. Dies gilt auch für aufgetretene Schäden. Allerdings muss hierfür nicht der Verein, sondern der eigentliche Schädiger aufkommen. Problematisch kann diese Nutzungsart bei Mehrfachnutzung durch verschiedene Vereine werden. Die Trainingszeiten müssen unter den Vereinen abgestimmt werden. Eventuell ist auch die "Übergabe" der Sportanlage an den nachfolgenden Verein vertraglich zu regeln, also z.B. wie sauber die Sportstätte übergeben werden muss.

4.1.2.2 Eigenverantwortliche Nutzung

Auch bei der eigenverantwortlichen Nutzung bleibt die Sportstätte Eigentum der Kommune. Im Unterschied zur Übertragung der Schlüsselverantwortung übernimmt der Verein wesentlich mehr Pflichten. Diese sind von den Vertragsvereinbarungen abhängig. Es wird dabei zwischen "eigenverantwortlicher Nutzung ohne bauliche Unterhaltung" und "eigenverantwortliche Nutzung mit baulicher Unterhaltung" unterschieden.

a) Eigenverantwortliche Nutzung ohne bauliche Unterhaltung
Bei dieser Art von Vertrag ist der Verein für die laufende Pflege und Unterhaltung, sowie für kleinere Reparaturen verantwortlich. Größere Reparaturen führt weiterhin der Eigentümer der Sportanlage, die Kommune, durch. Der Verein bestimmt die Nutzungszeiten. Unter Umständen enthält der Vertrag eine Regelung zur Berücksichtigung des Schulsports. Der Verein erhält von der Kommune in der Regel einen Unterhaltungszuschuss. Diese Zuschüsse können entweder materieller Art (z.B. Stellung von Reinigungsmitteln oder Pflegegeräten) oder finanzieller Art (Zuschuss zu öffentlichen Abgaben, Energiekosten, Pachtzinsen oder Zuschüsse für die laufende Unterhaltung etc.) sein. Die finanziellen Zuschüsse berechnen sich entweder prozentual an den Gesamtkosten des Postens (z.B. 80 Prozent der Energiekosten) oder es wird eine Pauschale festgelegt (VON HORN, 1995, 36).

b) Eigenverantwortliche Nutzung mit baulicher Unterhaltung
In diesem Fall übernimmt der Verein die gesamte Pflege und Unterhaltung, einschließlich aller Reparaturen. Auch hier bestimmt der Verein die Nutzungszeiten unter einer eventuellen Berücksichtigung des Schulsports.

Neben den vermehrten Pflichten bietet die eigenverantwortliche Nutzung von Sporträumen auch Vorteile:

- Die Eigenverantwortung bringt nicht nur Pflichten (Pflege, Reinigung etc.) sondern auch Rechte (Selbstbestimmung bei der Nutzung)
- Das Vereinsleben wird durch die "eigene Anlage" positiv beeinflusst; die Mitglieder engagieren sich für die Anlage.
- Die Sporträume und Vereinsheime werden Mittelpunkt des Vereinslebens

4.1.2.3 Pachtverträge

Wird zwischen Kommune und Verein ein Pachtvertrag zur Nutzung einer kommunalen Sportstätte abgeschlossen, so weisen die Besitzverhältnisse die Sportstätte als "vereinseigene" Anlage aus. Der Verein übernimmt mittels eines Pachtvertrages eine Sportstätte, um diese zu nutzen und sie im Rahmen der vertraglichen Grundlagen eigenverantwortlich zu betreiben. Dem Verein obliegen alle Rechte und Pflichten, die sich aus der Nutzung ergeben, einschließlich der vollständigen Verkehrssicherungspflicht. Im Grunde entsprechen die Pachtverträge den Verträgen zur eigenverantwortlichen Nutzung mit baulicher Unterhaltung.

Keiner der angesprochenen Verträge darf die Autonomie des Vereins einschränken und im Widerspruch zu den satzungsgemäßen Zielen des Vereins stehen (HÖRSGEN, 2003a, o.S.).

4.1.2.4 Vertragsgestaltung

Je nachdem, welcher Vertrag letztendlich abgeschlossen werden soll, unterscheidet sich auch die inhaltliche Vertragsgestaltung. Folgende Punkte sollten aber unbedingt vertraglich geregelt sein:

- Geltungsbereich:
  Der Geltungsbereich ist in der Regel der erste Paragraph und nennt die Sportstätten, über die der Vertrag abgeschlossen wird.
- Belegung:
  Die schulische Nutzung genießt Vorrang vor der Vereinsnutzung. Um Konflikte zu vermeiden, sollte ein Belegungsplan für jedes Schuljahr neu erstellt werden, in dem die Nutzung geregelt wird. Dies ist insbesondere dann anzuraten, wenn nur ein Vertrag zur Übertragung der Schlüsselverantwortung abgeschlossen wurde und mehrere Vereine die Sportstätte nutzen. In diesem Fall wäre auch denkbar, eine Zahl festzulegen, mit wie vielen Athleten ein Verein die Trainingszeit nutzen muss. Dies soll eine optimale Auslastung der Sportstätte garantieren. Bei Verträgen zur Übertragung der Schlüsselverantwortung werden unter diesem Punkt auch die Öffnungszeiten der Sportstätte festgehalten.
- Gebühren:
  Hier sollten Umfang und Höhe der zu leistenden Zahlungen festgelegt werden. Bei Verträgen zur Übertragung der Schlüsselverantwortung können dies beispielsweise eine Beteiligung an den Energiekosten oder eine pauschale Nutzungsgebühr sein. Wie schon erwähnt sind hier Erhebungen nur bei Wettkämpfen oder anderen einmaligen Veranstaltungen, Befreiungen für den Trainingsbetrieb oder für Jugendgruppen oder eine kostendeckende Gebühr für nicht gemeinnützige Antragsteller möglich. Bei Verträgen zur eigenverantwortlichen Nutzung sind die Pachtzinsen festzulegen. Des weiteren sollten die Zuschüsse durch die Stadt, sofern sie welche gewährt, aufgeführt werden.
- Pflege der Sportstätte:
  Die Art der Pflege sollte im Vertrag genau beschrieben werden. Dies kann vom Rasenmähen, Pflege der Grünanlagen und Wege über Schönheitsreparaturen bis zu notwendigen größeren Reparaturen reichen. Hier sollte genau geregelt werden, ab

welcher Größenordnung die Kommune Reparaturkosten übernimmt. Wichtig ist, dass eine fachgerechte Pflege gewährleistet wird, um höhere Folgekosten durch unsachgemäße Pflege zu vermeiden.

- Haftung:
  Der Vermieter, also die Kommune, haftet im Rahmen der gesetzlichen Vorschriften. Der Nutzer, also der Verein, hat dennoch die Pflicht, die Sportstätte und die Geräte vor der Benutzung zu kontrollieren. Der Verein haftet gegenüber der Kommune im Rahmen der gesetzlichen Vorschriften für Schäden, die bei der Benutzung entstehen (Beschädigungen an Gebäudeteilen, Sportgeräten oder sonstigem Inventar). Ausgenommen sind Schäden, die auf einem normalen Verschleiß beruhen.[5]
- Versicherung:
  Die Verkehrssicherungspflicht des Vereins kann in der Regel über eine Sportversicherung beim Landessportverband abgedeckt werden. Des weiteren ist zu regeln, ob die Kommune oder der Verein eine ausreichende Haftpflichtversicherung abzuschließen haben.
- Vertragslaufzeit, Kündigungsmodalitäten:
  Meistens werden solche Verträge mit einer längerfristigen Dauer abgeschlossen, es gibt aber auch Verträge mit kürzerer Laufzeit. Sowohl der Verein als auch die Kommune sollten Kündigungsmöglichkeiten haben. Ein Kündigungsgrund für den Verein wäre beispielsweise, wenn die Abteilung, die die Sportstätte am meisten nutzt, sich auflöst und damit die Sportstätte auf Grund zu hoher Kosten pro Kopf nicht weiter unterhalten werden kann. Die Kommune behält sich in der Regel die Kündigung vor, wenn die Schulen Bedarf haben oder wenn die Sportstätte von dem nutzenden Verein zweckentfremdet wird.

Unabhängig davon, welche Art von Nutzungsvertrag zwischen Verein und Kommune abgeschlossen wird, sollte der Verein darauf achten, dass er die einzelnen Vertragsverpflichtungen überhaupt erfüllen kann. Es müssen ausreichende finanzielle Rücklagen vorhanden sein, um den Pflegeaufwand oder, falls ein Vertrag zur eigenverantwortlichen Nutzung mit baulicher Unterhaltung geschlossen wurde, unter Umständen dringend notwendige Sanierungsarbeiten leisten zu können. Zudem müssen ein Hallen- oder Platzwart und Reinigungskräfte gefunden werden – ob das Ehrenamtliche

[5] Im Anhang befindet sich eine ausführlichere Darstellung der Haftungsfrage von HÖRSGEN, 2003b, o.S..

sind oder bezahlte Kräfte, ist davon abhängig, wie hoch der Arbeitsaufwand ist und ob sich der Verein bezahlte Kräfte leisten kann. Nicht zu unterschätzen sind auch die Folgekosten in Form von öffentlichen Abgaben wie Müll- oder Kanalgebühren, Kosten für Strom, Wasser und Heizung sowie Kosten für Versicherungen und Pachtzinsen.

4.1.3 Public Private Partnership

Public Private Partnership (PPP) ist ein besonders im anglo-amerikanischen Raum schon länger bekanntes Modell. Mit diesem Modell wird versucht, staatliche Aufgaben mit Hilfe des Know-hows der Wirtschaft durch Ausgliederung oder Privatisierung zu erfüllen und damit die öffentlichen Kassen zu entlasten. Als Partner in solchen Projekten kommt die öffentliche Verwaltung und jedes private Unternehmen oder jede private Organisation in Frage. In Deutschland findet Public Private Partnership noch nicht so häufig Anwendung, stößt aber durch die zunehmende Finanzknappheit der öffentlichen Hand auf immer breiteres Interesse (GASTEYER, o.J, 7).

4.1.3.1 Begriffsdefinition

GASTEYER (o.J., 9) definiert Public Private Partnership wie folgt:

> *"Public Private Partnership ist eine Kooperation von öffentlicher Hand und privater Wirtschaft bei der Planung, der Erstellung, der Finanzierung, dem Betreiben oder der Verwertung von bislang staatlich erbrachten öffentlichen Leistungen... PPP-Projekte sind charakterisiert durch eine langfristige vertragliche Zusammenarbeit zwischen öffentlicher Hand und Privatwirtschaft mit einer sachgerechten Risikoverteilung und umfassenden Verantwortlichkeiten auf der privaten Seite."*

4.1.3.2 Anwendungsbereiche

Im Prinzip ist Public Privater Partnership (PPP) für jeden Aufgabenbereich der öffentlichen Hand denkbar. Nach Abschluss eines Public Private Partnerships kauft die Kommune die von ihr abgegebene Leistung beim Partner wieder ein. Public Private Partnership fand bislang schon in vielen verschiedenen Bereichen Anwendung (GASTEYER, o.J, 11):

- Verkehrsinfrastrukturprojekte wie Betreiber- bzw. Konzessionsmodelle bei Straßen, Brücken und Tunneln etc.
- Immobilien-Projekte (Verwaltungsgebäude, Schulen, Hochschulen, Krankenhäuser, Justizvollzugsanstalten, Polizeigebäude, Sportstätten, Theater usw.)

- Städtebau und Stadtentwicklung (z.B. Partnerschaften zur Beplanung, Erschließung und Bebauung einzelner Grundstücke und größerer Flächen)
- Logistik mobiler Wirtschaftsgüter (z.B. IT - Bereich, Telefon-Anlagen, Fahrzeugflottenmanagement, Bekleidungsmanagement der Bundeswehr)
- Projekte im Bereich der kommunalen Ver- und Entsorgung sowie des öffentlichen Nahverkehrs (z.B. Müllabfuhr, Abwasser usw.)
- Wirtschaftsförderung (z.B. Partnerschaften zur Standortförderung unter Beteiligung von Städten und Gemeinden, Landesbehörden, Universitäten usw.)
- Projekte der Infrastrukturentwicklung, regionale und interregionale Entwicklungsgesellschaften (z.B. zum Zwecke der Wirtschafts- und Beschäftigungsförderung, einer abgestimmten Entsorgungspolitik, zum Aus- und Aufbau von interkommunalen Verkehrsverbünden)
- Projekte zur Förderung von Forschung und Entwicklung, Technologietransfer

Dies ist keine abschließende Aufzählung und kann auf weitere Bereiche ausgedehnt werden.

4.1.3.3 Umsetzung im Sportstättenbereich

Grundsätzlich sind für PPPs verschiedene Strukturen möglich. Beim Betreibermodell verbleibt die Verantwortung für die Erfüllung einer öffentlichen Aufgabe bei der Kommune. Um die Aufgaben überhaupt erfüllen zu können, bedient sich die Kommune privater Organisationen, die die notwendigen Sportanlagen betreiben, manchmal sogar gebaut haben. Ein Beispiel dafür ist die Anmietung von Sportstätten von Vereinen für den Schulsport.

Ein Konzessionsmodell ist dadurch gekennzeichnet, dass die Vereine unmittelbare Leistungsbeziehungen mit den Bürgern unterhalten. Dies geschieht aufgrund einer von der Kommune erteilten Konzession. Das bedeutet, dass die Infrastruktur von der Kommune gestellt wird und der Verein als Betreiber der Sportstätte fungiert. Der Verein kassiert damit auch die Nutzungsgebühren direkt vom Nutzer.

Bei einem Kooperationsmodell bilden die Kommune und eine Sportorganisation ein Gemeinschaftsunternehmen in privater Rechtsform.

Betreiber- oder Konzessionsmodell einerseits und Kooperationsmodell andererseits unterscheiden sich darin, dass der Betreiber oder Konzessionär zu 100 Prozent eine Sportorganisation ist oder dass es sich um ein Unternehmen in privater Rechtsform mit Beteiligung der Kommune als Gesellschafter handelt (GASTEYER, o.J., 50ff.). Natürlich sind auch Mischformen nicht ausgeschlossen, in dieser Studie soll der Schwerpunkt jedoch auf Kooperationsmodelle gelegt werden.

Übliche Gestaltungsformen von Kooperationsmodellen mit einer gesellschaftsrechtlichen Beteiligung der Kommune sind zum einen die Gesellschaft mit beschränkter Haftung (GmbH), zum anderen die Gesellschaft bürgerlichen Rechts (GbR). Manche größeren Vereine wie Bayern München oder Borussia Dortmund haben sogar eine Aktiengesellschaft (AG) gegründet. Diese soll hier aber nicht weiter berücksichtigt werden, da dies nur für sehr große, umsatz- und ertragsstarke Vereine in Frage kommt. Personenhandelsgesellschaften unter Beteiligung der öffentlichen Hand als Gesellschafter gibt es in der Praxis noch nicht, nicht zuletzt wegen haushaltsrechtlicher bzw. gemeindewirtschaftlicher Vorschriften, die unter anderem besagen, dass die Haftung der Kommune beschränkt werden muss.

Grundsätzlich gelten die haushaltsrechtlichen Vorschriften, die für Personenhandelsgesellschaften gelten, auch für Personengesellschaften. Auch hier haften die Gesellschafter mit ihrem gesamten Vermögen, was im Hinblick auf haushaltsrechtliche bzw. gemeindewirtschaftliche Vorschriften bedenklich sein könnte. Dennoch sind GbRs für den Sportstättenbereich schon gegründet worden, stehen aber unter strenger Aufsicht der Kommune, um das Haushaltsrisiko zu begrenzen.

Vor kurzem hat der Bundesgerichtshof seine Rechtsprechung zu der rechtlichen Stellung der GbR geändert und hat die GbR als aktiv- und passiv legitimiert anerkannt. Dies dürfte der erste Schritt zu einer Haftungsbegrenzung der GbR sein. Die Rechtsentwicklung, die in diese Richtung zeigt, ist jedoch noch nicht abgeschlossen, sollte aber weiter beobachtet werden, da sich hier neue Möglichkeiten der rechtlichen und wirtschaftlichen Organisation ergeben könnten.

Die Gründung einer GbR ist einfach. Es wird ein GbR-Vertrag abgeschlossen, der die Ziele der GbR definiert und im übrigen Leistungs- und Verwaltungsaufgaben zuweist. Die Gründung einer GmbH ist im Vergleich zu einer Gründung einer GbR etwas schwieriger. So ist beispielsweise ein Mindestkapital und eine Mindesteinzahlung erforderlich, um überhaupt eine GmbH gründen zu können. Außerdem muss die Gründung notariell beurkundet werden und ins Handelsregister eingetragen werden.

Tabelle 8 gibt einen Überblick über die wichtigsten Unterschiede und gesetzlichen Regelungen:[6]

Tabelle 8: Übersicht über wichtige Regelungskomplexe der Gesellschaften[7]

	GbR	GmbH
Wesen	allgemeine Form gemeinsamer Zweckverfolgung durch mehrere	Verfolgung jedes gesetzl. zulässigen Zwecks ohne aufwändige Gründungsvorschriften, unbeschränkte Haftung der Gesellschaft, beschränkte Haftung der Gesellschafter, besonders geeignet für kl. Unternehmen
gesetzliche Vorschriften	§§ 705 bis 740 BGB	GmbH-Gesetz
Rechtsfähigkeit	nicht rechtsfähig	juristische Person
Formvorschriften	Formfreiheit	notarielle Beurkundung
Mindestzahl d. Gründer	zwei Personen	eine Person
Mindestkapital	nicht vorgeschrieben	25.000 Euro; Mindeststammeinlage 100 Euro
Mindesteinzahlung	nicht vorgeschrieben	Geldeinlagen: 1/4; Sacheinlagen voll; zusammen mind. 12.500 €
Vermögensverhältnisse	Beiträge der Gesellschafter und erworbene Gegenstände sind gemeinschaftliches Vermögen	Gesellschaft als jur. Person Inhaberin des Vermögens
Registereintragung	keine Eintragung	Eintragung ins Handelsregister
Organe	Wahrnehmung der Geschäfte durch Gesellschafter	Gesellschafterversammlung, Geschäftsführer, (Aufsichtsrat)
Haftung	i.d.R. gesamtschuldnerische Haftung, Haftungsbeschränkung auf Gesellschaftsvermögen i.d.R. nicht möglich	beschränkte Haftung auf Gesellschaftsvermögen
Gewinn/Verlust	im Zweifel zu gleichen Teilen	im Zweifel nach Geschäftsanteilen
Stimmrechte	nach Köpfen	nach Geschäftsanteilen, Abweichung im Vertrag möglich

Quelle: Eigene Darstellung auf Basis von K*LUNZINGER, 1999, 343 ff.*

---

[6] In der Tabelle wurde nur die bisherige Rechtsprechung aufgeführt, da die rechtlichen Konsequenzen nach der Änderung der Rechtsprechung des Bundesgerichtshofs zur Rechtsstellung der GbR noch nicht ganz zu überblicken sind.

[7] Eine ausführliche Besprechung der beiden Rechtsformen findet sich in KLUNZINGER, 1999, 13 ff..

Unabhängig davon, ob eine GmbH oder eine GbR gegründet wird, sollte ein Gesellschaftsvertrag aufgesetzt werden. Neben Beachtung der gesetzlichen Regelungen müssen auch noch individuelle Vereinbarungen getroffen und im Gesellschaftsvertrag festgehalten werden. Im einzelnen sind dies:

- Organisations- und Verwaltungsstruktur:
  Bei Gründung einer GmbH ist eine Gesellschafterversammlung und die Bestimmung eines Geschäftsführers gesetzlich vorgeschrieben. Damit ist die Organisationsstruktur im Prinzip schon vorgegeben. Bei einer GbR ist dies nicht so. Die Gesellschafter können sich ihre Organisationsstruktur weitgehend selbst geben. Dies betrifft beispielsweise das Schaffen von verschiedenen Organen wie einer Gesellschafterversammlung, eines Beirats oder die Festlegung von Aufgabenbereichen.
- Personalstruktur:
  Nach Festlegung der notwendigen Aufgabenbereiche muss dann die Personalstruktur erarbeitet werden. Auch wenn bei einer GbR die Gesellschafter gesetzlich gleichberechtigt zur Führung der Geschäfte berechtigt sind, so empfiehlt es sich, eine Hierarchie einzuführen und einen Geschäftsführer einzusetzen. Es ist jedoch nicht unbedingt ein hauptamtlicher Geschäftsführer notwendig. Im Gegensatz zur GmbH muss der Geschäftsführer einer der Gesellschafter sein. Bei einer GmbH könnte dagegen auch ein nicht an der Gesellschaft Beteiligter zum Geschäftsführer bestellt werden.
- Finanzstruktur:
  Der Bereich der Finanzen ist das wohl wichtigste Element eines Gesellschaftsvertrages. Hier wird geregelt, was mit Gewinnen geschieht und wie mit Verlusten umgegangen wird. Zudem wird festgelegt, wer wie viel und welche Vermögensgegenstände in die Gesellschaft einbringen muss.
- Controlling:
  Grundvoraussetzung für ein effizientes Controlling ist die Einbindung der PPP-Beteiligten in die Organisationsstruktur. Prinzipiell wird zwischen operativem und strategischem Controlling unterschieden. Das operative Controlling zielt dabei auf kurz- und mittelfristige Maßnahmen ab, während das strategische Controlling lange Planungszeiträume analysiert. Bei Public Private Partnerships im Sportstättenbereich sind insbesondere die Bereiche Kosten, Qualität und Organisation in den Controllingprozess einzubeziehen. Für diese Bereiche sind von den PPP-Beteiligten

gemeinsam Kennzahlen festzulegen, die die Zielerreichung messbar machen (vgl. Kapitel 5.1.1.3).

- Konfliktlösung bei Meinungsverschiedenheiten:
  Falls es während des laufenden Betriebs für beide Gesellschafter zu scheinbar unüberwindbaren Differenzen kommt, sollte für diesen Fall entweder ein Schiedsgutachter oder ein Schiedsgericht benannt werden. Der Schiedsgutachter oder das Schiedsgericht kann dann von den Gesellschaftern zur Schlichtung angerufen werden und soll eine für beide Parteien verbindliche Lösung suchen. Die Einsetzung eines Schiedsgerichts empfiehlt sich vor allem bei Unklarheiten in technischen und rechtlichen Sachfragen.
- Beendigung der Kooperation:
  Falls die Kooperation von einer der beiden Seiten, also Kommune oder Verein, beendet werden sollte, muss klar geregelt sein, was mit dem Vermögen der Gesellschaft passiert. Es ist z.B. die Frage zu klären, ob die Sportstätte durch einen der beiden Gesellschafter alleine weiter betrieben oder geschlossen wird. Gründe für eine Beendigung der Kooperation könnten beispielsweise Insolvenz eines Gesellschafters oder Unmöglichkeit der Zweckerreichung sein.

Bislang wurden Public Private Partnerships im Sportstättenbereich noch nicht allzu häufig umgesetzt. Mit dem zunehmenden Druck der Kommunen, ihren Haushalt zu entlasten, wird aber auch diese Form der Zusammenarbeit mit Vereinen weiter an Bedeutung gewinnen.

4.1.4 Franchising

Als letztes Modell in dieser Studie soll Franchising vorgestellt werden. Seinen Ursprung hat Franchising im mittelalterlichen Frankreich. Damals wurde unter Franchising die "*Vergabe von Privilegien an Dritte, die gegen ein Entgelt im staatlichen Interesse produzieren oder Handel betreiben durften*" verstanden (BELLONE, o.J., 5). Mit Beginn der Industrialisierung entwickelten sich die ersten „modernen" Franchise – Systeme, wie wir sie heute kennen. Ab 1860 durften fahrende Händler Nähmaschinen der "Singer Sewing Machine Company" auf eigene Rechnung und in eigenem Namen vertreiben. Auch Coca-Cola gehört zu den ersten Betrieben, die sich nach einem Franchise – System organisierten (BELLONE, o.J., 5).

4.1.4.1 Begriffsdefinition

VAHLENS GROßES WIRTSCHAFTSLEXIKON definiert Franchising folgendermaßen:

> *"Form des vertraglich geregelten, vertikalen Kontraktmarketing zwischen einem Franchise – Geber und einem Franchise – Nehmer, bei der letzterer das Recht erhält, gegen Vergütung und Einräumung von Kontrollrechten ein Beschaffungs-, Marketing- und/oder Organisationskonzept des Franchise – Gebers zu verwenden. Dieser verpflichtet sich seinerseits zur Durchführung von Maßnahmen, welche die Attraktivität des Franchise – Nehmers am Markt erhöhen und/oder dessen Aktivitäten erleichtern...."*

Der DEUTSCHE FRANCHISE – VERBAND (DFV) stellte einen Merkmalskatalog auf, der die verbale Definition ergänzen soll (DFV, zit. n. SKAUPY, 1995, 6ff.):

- dezentrales Absatzsystem, rechtlich selbstständige Vertriebsstellen
- Leistungsprogramm des Franchise – Gebers: Nutzung von Schutzrechten, Beschaffungs-, Absatz- und Organisationskonzept, Betriebsaufbau/Ausbildung, Weiterentwicklung des Systems, laufende aktive Unterstützung
- Leistungsprogramm des Franchise – Nehmers: Arbeits-, Kapitaleinsatz, Informationspflicht
- vertikal – kooperative Organisation (straffe Organisation, vertikale Arbeitsteilung, Weisungs- und Kontrollsystem, intensive Zusammenarbeit)
- einheitliches Auftreten (Name, Marke, Coporate Identity, gemeinsame Strategie,...)
- rechtliche Selbstständigkeit (im eigenen Namen und auf eigene Rechnung)
- vertragliches Dauerschuldverhältnis

4.1.4.2 Typologien und Anwendungsbereiche

Im Allgemeinen wird Franchising in drei Grundtypen eingeteilt: Vertriebs-Franchise, Dienstleistungs-Franchise und Produkt-Franchise. Vertriebs-Franchise ist das wohl am häufigsten vorkommende System in Deutschland und kommt in allen Bereichen des Handels vor. Bekannte Beispiele sind *Ihr Platz* (Kosmetik- und Drogerieartikel), *Eismann* (Tiefkühlkost-Heimservice) oder *Der Teeladen* (Teefachgeschäfte). Dienstleistungs-Franchise findet sich in vielen verschiedenen Geschäftszweigen wieder. Als Beispiele können *McDonald's* oder *Burger King* für den Gastronomiebereich, *Holiday Inn* für den Hotelbereich oder *Inlingua-Sprachschulen* für Dienstleistungen intellektuellen Charakters dienen. Der dritte Grundtyp bildet das Produkt-Franchise, auch industrielles Franchise genannt. Das Produkt-Franchise unterscheidet sich dahingehend von Vertriebs-Franchise, dass Erzeugnisse selbst hergestellt, bearbeitet, verarbeitet, veredelt und vertrieben werden. Der Ort der Produktion liegt in der Nähe des

Vertriebsortes, so dass Transportkosten gespart werden können. Bekanntester Vertreter des Produkt-Franchises ist die *Coca-Cola-Gesellschaft.* Oftmals vermischen sich aber auch die einzelnen Kategorien, so dass eine klare Trennung nicht immer möglich ist (SKAUPY, 1995, 30ff.).

Im Bereich des Sports ist Franchising bislang vor allen bei Fitness-Studio-Ketten, wie zum Beispiel *Team – World of Fitness* oder Sportartikel-Geschäften wie zum Beispiel *Sport 2000* zu finden.

4.1.4.3 Umsetzung im Sportstättenbereich

Das Franchisekonzept sollte klar strukturiert, einfach und überzeugend sein. Mit einem einheitlichen Auftreten soll eine sichtbare Gemeinsamkeit erzeugt werden. Das einheitliche Auftreten erstreckt sich in der Regel vom Namen, über Logo, Werbesprüchen bis zur einheitlichen Kleidung der Mitarbeiter und dem gleichen Sportangebot. Auch die Sportstätten an sich sollten gleich gestaltet sein, was zumeist über die Ausstattung der Sportstätte oder der Anordnung der Räumlichkeiten erfolgt.

Um ein Franchisekonzept erfolgreich umsetzen zu können und genügend Franchisenehmer zu finden, muss es Innovationen in Produkt, Service oder Vertrieb beinhalten. Kern des Franchise-Konzepts sind das Marketingkonzept und die Organisationskonzept. Im Marketingkonzept wird die Vermarktung der Dienstleistung, die Werbemaßnahmen, die Verkaufsförderung, die Angebote etc. zentral festgelegt. Im Organisationskonzept wird seitens des Franchisegebers die Betriebsführung, die Innen- und Außeneinrichtung, die Rechte und Pflichten der beiden Parteien, die Kommunikation zwischen den Partnern, die Finanzierungsplanung etc. vorgegeben.

Durch die Übernahme eines bereits vorhandenen erfolgreichen Konzepts und die Unterstützung durch den Franchisegeber verringert sich das Risiko für den Franchisenehmer. Dadurch werden viele Fehler, gerade bei Neugründungen, vermieden. Der Franchisenehmer kann damit seinen Schwerpunkt auf die Betreuung der Nutzer der Sportstätte und die Erschließung des lokalen Markts legen.

Durch das zentral festgelegte Organisations- und Marketingkonzept ist Franchising als Betreiberkonzept für Turnhallen oder Sportplätze eher weniger geeignet. Jeder Verein hat seine eigene Struktur und wird durch seine Mitglieder geprägt. Bei bereits vorhandenen Sportanlagen wird es zudem schwer, ein einheitliches Auftreten mit anderen Sportstätten herzustellen. Franchising bietet sich vielmehr für den Betrieb von Fitness-Studios, in manchen Fällen auch bei Bädern an.

4.2 Vor- und Nachteile der einzelnen Betreiberkonzepte

Allgemein kann festgehalten werden, dass sich für Vereine größere Handlungsspielräume hinsichtlich Dauer und Art der Nutzung der Sportstätte sowie ihrer Gestaltung ergeben, wenn sie in die Rolle des Betreibers einer Sportstätte schlüpfen. Die Eigenverantwortung bringt nicht nur Pflichten wie beispielsweise die Pflege der Sportstätte oder die Durchführung von Reparaturen mit sich, sondern auch Rechte, nämlich die Selbstbestimmung bei der Nutzung. Die Sporträume und Vereinsheime werden zum Mittelpunkt des Vereinslebens, wodurch das Vereinsleben positiv beeinflusst wird. Die Mitglieder sind eher bereit, sich für die eigene Sportstätte zu engagieren, woraus sich ein besserer baulicher Zustand im Vergleich zu kommunalen Sportstätten ergibt.

Organisations- und Verwaltungsstruktur:

Bei Umsetzung der Konzepte Public Private Partnership oder Franchising ist eine größere Umstellung in der Organisationsstruktur notwendig, die von Franchisegebern weitgehend vorgegeben ist. Der Franchisenehmer übernimmt das Konzept des Franchisegebers und bei Public Private Partnership ist, je nach Wahl der Gesellschaftsform, teilweise gesetzlich vorgegeben, welche Organe geschaffen werden müssen. Beim Betrieb von vereinseigenen Sportstätten oder der Übernahme von städtischen Anlagen wird meistens auf die vorhandene Vereinsstruktur zurückgegriffen, so dass die Veränderungen nicht ganz so groß sind. Dennoch machen einige Sportstätten, wie beispielsweise Fitness-Studios oder Bäder, eine Umstellung auf professionelle Strukturen unbedingt erforderlich, da die Unterhaltungskosten sehr hoch sind und durch Einnahmen erwirtschaftet werden müssen. Diese Umstellungen müssen dann von Vereinen vorgenommen werden.

Personalstruktur:

Als nächstes soll die Personalstruktur bei den vier Betreiberkonzepten verglichen werden. Bei der Wahl von Public Private Partnership oder Franchising als Betreiberkonzept ist eine Professionalisierung fast zwingend notwendig. Bei beiden Konzepten muss eine Bilanz erstellt werden, das heißt, eine wirtschaftliche Ausrichtung ist stärker als bei den beiden anderen Konzepten gegeben. Für Ehrenamtliche ist es wesentlich schwieriger, diese Vorgaben zu erfüllen. Bei beiden Konzepten steigen also die Personalkosten an, da zusätzlich Fachpersonal angestellt werden muss. Die beiden anderen Konzepte – Betreiben vereinseigener Anlagen und Übernahme städtischer Anlagen – sind meistens mit einer geringeren Professionalisierung durchführbar. Dies kann aber auch ein Nachteil sein. Zwar werden Personalkosten gespart, da viele Arbeiten durch Ehrenamtliche erledigt werden, doch ist für einige Aufgaben, z.B. im Finanzbereich, eine Fachkraft von Vorteil. Sie kennt sich in dieser schwierigen Materie aus und kann durch ihre fachliche Kompetenz Kosten sparen oder helfen, steuerliche Vorteile zu nutzen. So können eventuell durch eine Professionalisierung, die zwar hohe Personalkosten mit sich bringt, die Kosten in anderen Bereichen reduziert werden. Entscheidet sich der Verein dennoch, auf Fachkräfte zu verzichten, so sollte darauf geachtet werden, dass die Verantwortung nicht nur bei einer Person liegt, sondern immer mehrere Personen mit der Organisation der Sportstätte und dem finanziellen Bereich vertraut sind. Damit wird gewährleistet, dass der Verein auch beim Ausstieg einer Person, die mit diesen Aufgaben betraut war, immer noch in der Lage ist, die Geschäfte weiterzuführen. Zwar kann auch eine im Verein angestellte Person plötzlich kündigen, aber es ist leichter eine bezahlte Kraft für diese Aufgaben zu finden, als qualifizierte Ehrenamtliche, die sowohl Zeit als auch Lust haben, solch eine Aufgabe im Verein zu übernehmen.

Wirtschaftliche Auswirkungen:

Auch der Vergleich der wirtschaftlichen Auswirkungen zeigt verschiedene Vor- und Nachteile. Viele Vereine, die eigene Anlagen betreiben, sind abhängig von kommunalen Zuschüssen, es sei denn, die Vereine "verdienen" in anderen Bereichen ausreichend Geld, um die Sportstätten selbst unterhalten zu können. Eine Reduzierung der Zuschüsse durch die Kommune ist erst dann möglich, wenn eine Sportstätte kostendeckend betrieben werden kann. Bei Outdooranlagen ist dies wegen der geringeren Auslastung wesentlich schwieriger als bei Indoor-Sportstätten. Durch die Übernahme von städtischen Anlagen entstehen für die Vereine Mehrkosten, die die Kommune im Gegenzug spart. Dadurch können Kommunalmittel umverteilt werden, d.h. die gesparten Personalkosten können für Unterhaltungszuschüsse verwendet werden. Bei der Umsetzung eines PPPs haben die Beteiligten den Vorteil, dass die Kommune günstigere Bankkredite erhält als Vereine. Zudem wird das Betriebsrisiko auf mehrere Schultern verteilt. Beim Franchising sind Zuschüsse von kommunaler Seite oder von Sportverbänden nicht möglich, während die Beantragung von Zuschüssen bei den anderen Betreiberkonzepten möglich ist. Für Instandhaltungskosten müssen Franchisenehmer und Vereine, die eine eigene Sportstätte betreiben, selbst aufkommen. Bei der Übernahme städtischer Anlagen hängt es von den geschlossenen Vereinbarungen ab. Meistens gibt die Kommune bei größeren Renovierungen einen entsprechend größeren Zuschuss.

Jedes Konzept hat Vor- und Nachteile, die sich bei jedem Verein, je nach seiner Struktur, unterschiedlich stark auswirken. Die Vereine müssen abwägen, welche Vorteile besonders stark in ihrem Verein zum Tragen kommen können und sich dann für ein passendes Konzept entscheiden.

Die nächste Tabelle zeigt einen zusammenfassenden Überblick über die Vor- und Nachteile.

Tabelle 9: Vor- und Nachteile der Betreiberkonzepte

	vereinseigene Anlagen	**Übernahme städtischer Anlagen**	**PPP**	**Franchising**
Organisations- und Verwaltungsstruktur	Verein ist Eigentümer der Sportstätte; er betreibt und verwaltet die Anlage eigenverantwortlich	Kommune bleibt Eigentümer der Anlagen, Vereine betreiben und verwalten Anlagen eigenverantwortlich	Kommune hat Mitspracherecht; "Experten" beider Seiten ermöglichen Know-how-Transfer; wirtschaftliche Ausrichtung durch Gründung einer Gesellschaft (GmbH, GbR) besser möglich	wesentliche betriebliche Funktionen und Verhaltensweisen sind standardisiert; vertikale Arbeitsteilung; straffe Führung; Franchisevertrag regelt in groben Zügen Imagebildung und Imageerhaltung sowie die äußere u. innere Ausstattung der Sportstätten, Ablauf der Geschäfte etc.
Personalstruktur	Schwächen durch ehrenamtliche Führung (fehlendes Know-how und begrenzten Zeiteinsatz); gleichzeitig geringere Personalkosten durch Ehrenamtliche; Rekrutierung von qualifiziertem Personal schwierig	Gemeinde spart Personalkosten (Hausmeister/ Platzwart); Schwächen durch (teilweise) ehrenamtliche Führung (fehlendes Know-how); gleichzeitig durch Ehrenamtliche geringere Personalkosten	Sowohl Kommune als auch Vereine müssen zusätzliches Personal aufbringen	Franchisenehmer billiger als Filialleiter; wird durch Franchisegeber regelmäßig geschult; Selektion von geeigneten Franchisenehmern schwierig und zeitraubend
Professionalisierung	Je nach Organisation des Vereins bereits vorhanden, meistens relativ gering	Je nach Organisation des Vereins bereits vorhanden, meistens relativ gering	Kostenreduzierung durch professionelles Management möglich	Hoch, Franchisenehmer profitiert von einer (etablierten) Marke

	vereinseigene Anlagen	**Übernahme städtischer Anlagen**	**PPP**	**Franchising**
finanzielle Auswirkungen	Finanzierung durch Mitgliederbeiträge, Vermietung an andere Vereine etc., trotzdem häufig Abhängigkeit von kommunalen Zuschüssen; Reduzierung öffentlicher Zuschüsse nur bei marktfähigen Anlagen möglich	Finanzierung durch Mitgliederbeiträge, Vermietung an andere Vereine u. Schule etc. Für Vereine finanzielle Mehrbelastung (Personal und Reinigung); Städte sparen diese Kosten	Finanzierung durch Mitgliederbeiträge, Vermietung an andere Vereine u. Schule etc. Kommunalkredite günstiger als Bankkredite; Verteilung des finanziellen Risikos ist möglich; Reduzierung des Betriebsrisikos	Für Franchisenehmer: Finanzierung durch Mitgliederbeiträge; Für Franchisegeber Einnahmen aus Abschlussgebühren und laufenden Franchisegebühren;
Renovierung/ Instandhaltung	Vereine müssen selbst dafür aufkommen	abhängig vom Vertrag; meistens Zuschüsse durch die Kommune	abhängig vom Vertrag	Franchisenehmer muss selbst dafür aufkommen
Förder- und Zuschussmöglichkeiten	Kommunale Zuschussmöglichkeiten und Zuschüsse vom Sportverband	Kommunale Zuschüsse bei Großreparaturen, Platzpflege, Betriebskostenzuschüsse etc. möglich; Erhalt der Subventionen	Kommunale Zuschussmöglichkeiten und Zuschüsse vom Sportverband je nach Eigentumsverhältnis der Sportstätte	Franchisenehmer kann keine Zuschüsse beantragen
Flexibilität	Vereine können Anlagen selbst belegen	Belegung davon abhängig, ob Schulsport Nutzungsrechte hat		Geringer, da kein direkter Kontakt des Franchisegebers mit den Kundengruppen der Franchisenehmer

Quelle: Eigene Darstellung

4.3 Ausgewählte Fallstudien

Um die beschriebenen Betreiberkonzepte weiter veranschaulichen zu können, sollen hier verschiedene Beispiele aus der Praxis vorgestellt werden. Viele Vereine bedienen sich sogar mehrerer Konzepte gleichzeitig, um für jede Sportstätte die optimale Betriebsform zu erreichen.

Die ersten beiden Beispiele zeigen, wie Vereine eine Sportstätte in Eigenregie gebaut haben und selbst betreiben. Das erste Beispiel wird relativ ausführlich beschrieben, um deutlich zu machen, welche Überlegungen beim Bau und Betrieb einer Sportstätte notwendig sind. Dass auch kleinere Vereine in der Lage sind, eine Sportstätte zu bauen und zu unterhalten, soll das zweite Beispiel zeigen.

4.3.1 CityFit des Haaner TV

Die Stadt Haan liegt im Dreieck Düsseldorf-Wuppertal-Solingen und hat knapp 30.000 Einwohner.

4.3.1.1 Der Verein

Der Haaner TV ist der größte von 20 Sportvereinen in Haan und wurde 1863 gegründet. Der Verein hat über 3.000 Mitglieder mit unbefristeter Mitgliedschaft und 250 Kursmitglieder. Im ersten Halbjahr 2004 kamen durch das neue Fitness- und Gesundheitszentrum über 800 neue Mitglieder dazu. Der Verein hat ein sehr breit gefächertes Angebot, das sowohl den Leistungs- als auch den Breiten- und Gesundheitssport abdeckt: Turnen (Eltern und Kind), Turn- und Spielgruppen, Wettkampfturnen, Trampolin, Gymnastik und Tanz, Aerobic, Cheerleading, Badminton, Basketball, Handball, Prellball, Tischtennis, Volleyball, Gymnastik, Funktionale Gymnastik, Ski-Gymnastik, Yoga, Leichtathletik und Lauftreff. Insgesamt gibt es über 100 Sportgruppen, Angebote für alle Altersgruppen und einen wöchentlichen Sportbetrieb von 175 Stunden. Der Schwerpunkt des Vereins liegt auf der Kinder- und Jugendarbeit, für die der Haaner TV im Jahr 2000 von der Sportjugend Nordrhein-Westfalen die Auszeichnung "Anerkannter kinderfreundlicher Verein" erhielt. Der Verein nimmt sowohl an sportlichen wie auch gesellschaftlichen Veranstaltungen teil und hält sich damit in der Öffentlichkeit präsent. Die Vereinszeitung des HTV ist das Vereinsorgan und erscheint schon seit über 50 Jahren mit sechs Ausgaben pro Jahr (HAANER TV, 2004, o.S.).

Neue Mitglieder des Haaner TV zahlen einen einmaligen Aufnahmebeitrag und dann monatliche Beitragssätze. Mit diesem Beitrag sind alle Sportangebote der Abteilungen nutzbar. Für das Fitness-Studio sind Extra-Beiträge zu zahlen.

Tabelle 10: Mitgliedsbeiträge beim Haaner TV

	Aufnahmegebühr	**Beitrag/Monat**
Kinder / Jugendliche	5,10 €	4,50 €
Erwachsene	10,20 €	9,00 €
Eltern-Kind	10,20 €	9,00 €
Familienbeitrag	10,20 €	18,00 €
Fördermitglied (Passiv)		5,00 €
Jazz Studio Kunz		3,50 €
Cheerleading		8,60 €

Quelle: Haaner TV, 2004, o.S.

Für folgende Gruppen gibt es Ausnahmen bei den Beitragssätzen:

- Zivildienstleistende, Wehrpflichtige, Studenten und Auszubildende erhalten auf Antrag den Jugendlichen-Beitrag.
- "Fördermitglieder" zahlen einen reduzierten Beitrag.
- Mitglieder, die mehr als 50 Jahre Vereinsmitglied sind, zahlen keinen Beitrag
- Schwangere können eine Beitragsbefreiung für 1/2 Jahr beantragen
- Bei sozialen Härtefällen ist auf Wunsch eine Beitragsermäßigung möglich.

4.3.1.2 Das Personal

Der Haaner TV wird von einem vierköpfigen geschäftsführenden Vorstand (1. Vorsitzender, Stellvertreter, Finanzverwalter und Beisitzer) geführt, der den Verein gerichtlich und außergerichtlich vertritt. Zum erweiterten Vorstand gehören der 1. Vorsitzende, zwei stellvertretende Vorsitzende, der Finanzverwalter, die Jugendselbstverwaltung, die Geschäftsführung, die Abteilungsleiter und Bereichsvertreter (SATZUNG HAANER TV, 1998, 4). Eine täglich besetzte Geschäftsstelle unterstützt den Vereinsvorstand. Dort arbeiten drei festangestellte Mitarbeiterinnen (2x20 und 1x10 Wochenstunden), die sich um Geschäftsführung, Vereinsverwaltung, Informationsmanagement und alle weiteren Verwaltungsaufgaben kümmern. Des weiteren gibt es einen "technischen Geschäftsführer", der für alle technischen und bautechnischen Angelegenheiten zuständig ist. Außerdem sind im Haaner TV über 80 Trainer und Übungsleiter tätig. Der Verein legt dabei großen Wert auf eine fundierte Ausbildung und staffelt dementsprechend die Übungsleitervergütungen (alle Angaben für 60 Minuten):

Tabelle 11: Übungsleitervergütungen beim Haaner TV

	Betrag	Ausbildung
Gruppe 1:	10,00 €	(Diplom) Sportlehrer/innen, Gymnastiklehrer/innen
Gruppe 2:	8,50 €	Trainer/innen / Übungsleiter/innen B-Lizenz
Gruppe 3:	7,00 €	Trainer/innen / Übungsleiter/innen C-Lizenz
Gruppe 4:	5,50 €	Trainer/innen / Übungsleiter/innen D-Lizenz
Gruppe 5:	5,50 €	Übungs-/Gruppenleiter/innen ohne Lizenz Sportpraktiker mit Gruppenverantwortung
Gruppe 6:	4,50 €	Helfer/innen mit ÜL C-Lizenz ohne Gruppenverantwortung
Gruppe 7:	3,50 €	Helfer/innen ohne Lizenz und ohne Gruppenverantwortung

Quelle: Haaner TV, 2003, o.S.

Zudem gibt es eine Zusatzvergütung bei langjähriger Mitarbeit. Zwischen dem 3. und dem 6. Jahr der Mitarbeit im Verein wird ein Zuschlag von 0,50 €, zwischen dem 6. und 9. Jahr der Mitarbeit 1,00 € und ab dem 10. Jahr 1,50 € jeweils pro Stunde gezahlt. Damit werden Engagement und Treue dem Verein gegenüber belohnt.

4.3.1.3 Eigene Sportstätten

Der Haaner TV besitzt ein Grundstück mit einer Fläche von 3.100 qm. Bereits im Jahre 1901 wurde die vereinseigene Turnhalle auf diesem Grundstück eingeweiht. Im Erdgeschoss befinden sich Umkleide- und Sanitärräume, die Turnhallen-Gaststätte sowie die Wohnung des Gaststättenwirts. Im Obergeschoss ist die Turnhalle mit einer Fläche von 15x30 Metern untergebracht. Des weiteren befinden sich mehrere Garagen als Abstellräume, ein Sportgeräteraum, ein kleiner (ungenutzter) Sportplatz, Parkplätze und die Vereinsgeschäftsstelle auf dem Grundstück. Trotz der eigenen Turnhalle ist der Verein auf Grund seines großes Sportangebots auf die Nutzung weiterer Turn- und Sporthallen angewiesen.

Die Sport- und Nebenräume wurden im Laufe der letzten zehn Jahre grundsaniert. Die Unterhaltung der Turnhalle und des Sportplatzes kosten jährlich 15.000 bis 20.000 €, hinzu kommen Instandhaltungs- und Investitionskosten von jährlich 15.000 bis 30.000 €. Kleinere Reparaturarbeiten wurden in Eigenleistung erbracht, standen größere Reparaturen an, wurden diese fremdvergeben. Größere Investitionen werden im Rahmen eines Dreijahresplans durchgeführt. Die Reinigungsarbeiten werden von einer Mitarbeiterin durchgeführt (RADDATZ, 2004, 3).

Seit 2004 besitzt der Verein ein eigenes Fitness- und Gesundheitszentrum "CityFit", welches ebenfalls auf dem Vereinsgelände hinter der Vereinsturnhalle gebaut wurde. Das Gebäude ist wie die Turnhalle zweigeschossig. Im Erdgeschoss befindet sich auf einer Fläche von 135 qm ein Fitnessraum mit Geräten, im Obergeschoss befindet sich ein Gymnastikraum derselben Größe. Des weiteren sind ein Empfangs- und Büroraum, ein Technik-Abstellraum und Sanitär- und Umkleideräume im Gebäude untergebracht.

Abb. 8: Vereinseigenes Fitness- und Gesundheitszentrum des Haaner TV
Quelle: Haaner TV, 2004, o.S.

4.3.1.4 Planung, Bau und Betrieb von CityFit

Im Jahr 2000 befasste sich der Verein erstmals mit Überlegungen, ein eigenes Fitness- und Gesundheitszentrum zu errichten. Es wurden Studios anderer Vereine besucht und ein vereinsinterner Tagesworkshop veranstaltet. Mit einer Vereinsumfrage wurde der Bedarf ermittelt. Um die Wirtschaftlichkeit des Projekts sicherzustellen, wurde eine Marktanalyse vorgenommen, in der die Bevölkerungsentwicklung in Haan, der Organisationsgrad in Sportvereinen in Haan und vergleichbare Sportangebote in der Umgebung untersucht wurden. Anschließend wurden die Zielgruppen festgelegt: junge berufstätige Erwachsene, Frauen aller Altersgruppen und Ältere mit gezieltem Training sollten angesprochen werden. Durch die Marktanalyse und die

Vereinsumfrage konnten folgende Argumente zusammengetragen werden, die für den Bau eines Fitness- und Gesundheitszentrums sprachen:

- Professionelle Vereinsführung
- Qualifizierte Übungsleiter /Trainer
- Tägliche Öffnungszeiten in der Geschäftsstelle
- Der HTV hat einen hohen Bekanntheitsgrad
- Der HTV hat ein gutes Image
- Der HTV bietet Qualität
- Der HTV ist der größte Verein in Haan
- Der Verein kann auf einen Grundstock an Nutzern aus der Mitgliedschaft rechnen
- Der HTV baut im Zentrum Haans
- Gute Verkehrsanbindung
- Ausreichend Parkplatz (49 Plätze)
- 3 bis 4 feste Arbeitsplätze

In einer außerordentlichen Mitgliederversammlung wurden Rahmenbedingungen festgelegt: die Größe des Zentrums sollte ausschließlich durch die Finanzierbarkeit bestimmt, die Planung der Bau- und Betriebskosten sollte so erfolgen, dass selbst bei schlechter Auslastung des Gesundheitszentrums die Finanzierungskosten und Betriebskosten bezahlt werden können, die Benutzung des Gesundheitszentrums sollte nur als HTV Mitglied möglich sein, die Angebotsschwerpunkte sollten bei den Bereichen "Gesundheit", "Gesundheits-Prävention" und "Rehabilitation" liegen und es sollte keine Wellness-Bereiche wie Sauna, Solarium etc. geben.

Mit Hilfe eines eigenen Excel-Programms wurden Wirtschaftlichkeits- und Finanzierungsberechnungen angestellt. Nach ersten Finanzierungsgesprächen mit Banken, der Stadt Haan, dem Landessportbund Nordrhein-Westfalen sowie der Landesregierung war schnell klar, dass Zuschüsse von der Stadt und dem Land nicht zu erwarten waren.

Um einen möglichst hohen Spendenanteil zu erreichen, startete der Verein verschiedene Aktionen: regelmäßige Berichterstattungen in der Vereinszeitung, auf der Homepage und in der Zeitung, monatliche Marktstände mit Informationsmaterial und dem Verkauf sogenannter "Spenden-Bausteine" (in Form einer Bauzeichnung mit Beträgen von zehn oder 50 Euro. Auf der Rückseite war eine Spendenbescheinigung für das Finanzamt abgedruckt.) und Schnuppertagen in der vereinseigenen Turnhalle. Der fehlende Betrag wurde durch die Aufnahme eines Darlehens aufgebracht. Als Sicherheit dient das vereinseigene Grundstück sowie die vereinseigene Turnhalle.

Tabelle 12 zeigt die Kalkulation des Haaner TV für das Gesundheitszentrum. Durch die beschriebene Aktion wollte der Verein einen relativ hohen Spendenanteil erreichen, der mit in die Kalkulation einfloss.

Tabelle 12: Kalkulation für "CityFit"

Kalkulation	
A 1. Gebäudekosten	815.927 €
2. Einrichtung u. Geräte	62.000 €
B 1. Eigenkapital	100.000 €
2. Spenden, Zuschüsse	44.500 €
Finanzierungsbedarf	**733.427 €**

Quelle: Haaner TV, 2002, o.S.

Die nächste Tabelle zeigt die Kalkulation der Betriebskosten für das Fitness- und Gesundheitszentrum:

Tabelle 13: Kalkulation der Betriebskosten für "CityFit"

Ausgaben		**Einnahmen**	
Kosten Zinsen/Tilgung	56.474 €	250 neue Mitglieder	100.500 €
Betriebskosten	25.319 €	Kurse (Nettoeinnahmen)	27.300 €
Steuern/Versicherungen	4.500 €	Beiträge Vereinsangebot	13.404 €
Gebühren und Beiträge	703 €	Sonstige Zuschüsse	0 €
Verwaltungskosten (250 TN)	0 €		
Personalkosten	52.275 €		
Summe Ausgaben	**139.271 €**	**Summe Einnahmen**	**141.204 €**
		Kalk. Überschuss	***1.933 €***

Quelle: Haaner TV, 2002, o.S.

Die potentiellen neuen Nutzer in der Kalkulation wurde mit 250 bewusst sehr niedrig gehalten. Die Personalkosten setzen sich aus dem Gehalt für die Studioleiterin sowie den qualifizierten Fachkräften zusammen, die entweder auf Basis von Übungsleitervergütungen in Höhe von 154 € monatlich oder auf Basis von Minijobs angestellt sind. Zusätzliche Verwaltungskosten für die Mitglieder fallen nicht an, da diese über die Geschäftsstelle abgewickelt werden. Die Mitglieder des "CityFits" zahlen als Grundbeitrag den Vereinsbeitrag und dann für die "Abteilung Fitness" noch einen zusätzlichen Beitrag, der wie folgt gestaffelt ist:

Tabelle 14: Beiträge für das "CityFit"

	Monat	Quartal	Halbjahr	Jahr
Haaner TV	9,00 €	9,00 €	9,00 €	9,00 €
CityFit	26,00 €	25,50 €	24,92 €	23,83 €
Monatspreis	35,00 €	34,50 €	33,92 €	32,83 €
Buchungsbetrag	35,00 €	103,50 €	203,50 €	394,00 €

Quelle: Haaner TV, 2004, o.S.

Die Mitgliedschaft im HTV kostet immer neun Euro. Die Staffelung betrifft nur den zusätzlichen Beitrag für "CityFit". Falls eine Person nur einen Monat im "CityFit" trainieren möchte, zahlt sie zusätzlich 26 Euro, entscheidet sie sich dagegen für eine Mitgliedschaftsdauer von einem Jahr, sinkt der Beitrag auf 23,83 Euro pro Monat. Die Zeile "Monatspreis" ist die Summe aus dem Grundbeitrag für den HTV und dem Monatspreis. Die letzte Zeile in der Tabelle zeigt den Buchungsbetrag für den gesamten Zeitraum, also beispielsweise 394 Euro für eine zwölfmonatige Mitgliedschaft.

Zu diesen Beiträgen kommt die einmalige Aufnahmegebühr von 10,20 €. Die Gebühr für den Fitness-Check und den Trainingsplan in Höhe von 10,- € wird bei der Anmeldung mit dem Mitgliedsbeitrag verrechnet. Bei Beitragsvorauszahlungen gibt es Rabatte. Die Kurse kosten 2,- €/Std. für HTV - Mitglieder und 4,- €/Std. für Kursmitglieder. Ausnahmen bilden Kurse in Yoga (6,- €/Std.) und Spinningkurse (5,- €/Std.).

Die Öffnungszeiten des "CityFit" wurden auf wochentags von 9.30 – 21.30 Uhr, samstags von 12.00 – 18.00 Uhr und sonntags von 10.00 – 16.00 Uhr festgelegt. Einzig an Feiertagen bleibt das Studio geschlossen.

Die erste Zwischenkontrolle ein halbes Jahr nach Inbetriebnahme fiel überaus positiv aus. Die Mitgliederzahlen im Fitness-Bereich liegen 16 Prozent über der Kalkulation, die Kursbuchungen sogar 53 Prozent darüber. Dadurch stiegen die Personalkosten um zehn Prozent an. Insgesamt verzeichnet der Verein über 350 Fitnessnutzer, davon 70

Prozent Neumitglieder und über 370 Kursteilnehmer im ersten Halbjahr 2004. Zusätzlich kamen über 100 neue Kinder in den Verein, die das normale Sportangebot nutzen. Die Kapazitätsgrenzen des "CityFit" liegen, bedingt durch die jetzigen Öffnungszeiten, bei 500 Mitglieder im Fitness-Bereich und bei 750 Kursbuchungen (RADDATZ, 2004, 9).

4.3.2 Sportzentrum Orpheum Darmstadt

Dass auch kleinere Vereine durchaus in der Lage sind, eine Sportstätte zu betreiben, zeigt das nächste Beispiel. Das Sportzentrum Orpheum gilt als einzigartiges Beispiel für die gemeinsame Betreibung einer Sportstätte durch mehrere Vereine.

4.3.2.1 Der Verein

Im Jahr 1976 schlossen sich der Basketball Club Darmstadt, der Roll- und Schlittschuhclub Darmstadt und der Keglerverein Darmstadt im Dachverein "Sportzentrum Orpheum" zusammen. Jeder Verein behielt dabei seine Selbstständigkeit. Alle drei Vereine sind Einspartenvereine, die beiden erstgenannten mit einer Mitgliederzahl von ca. 300, der Keglerverein zählt ca. 200 Mitglieder.

Das Sportzentrum Orpheum wird komplett ehrenamtlich geführt. Der Vorstand besteht aus sieben Mitgliedern: dem 1. und 2. Vorsitzenden, dem Rechungsführer, dem Geschäftsführer sowie je einem Beisitzer aus jedem Verein. Für die Halle ist ein Hausmeister auf Minijob-Basis angestellt, der sich sowohl um die Sportstätte als auch um die Reinigung kümmert.

4.3.2.2 Planung, Bau und Betrieb des Sportzentrums Orpheum

Hintergrund des Zusammenschlusses war, dass keiner der drei Vereine über eine eigene Sportstätte verfügte und sowohl der Keglerverein als auch der Roll- und Schlittschuhclub durch den Bedarf von speziellen Sportstätten hohe Mietkosten aufbringen mussten. So entstand die Idee, eine eigene Sportstätte zu bauen, die den Anforderungen aller Vereine gerecht werden konnte. Seitens der Stadt Darmstadt und des Landes Hessen kam die Zusage, bei Bau einer normgerechten Halle die Sportstätte mit den jeweiligen Fördersätzen für Sportstättenbau zu unterstützen. Durch diese Zusagen konnte das Vorhaben schon ein Jahr nach dem Zusammenschluss in die Tat umgesetzt werden. Zusätzlich zu den Fördergeldern der Stadt und des Landes musste zur Finanzierung noch ein Kredit in Höhe von einer Million DM aufgenommen werden.

Das Gebäude wurde zweigeschossig gebaut. Im Erdgeschoss befindet sich die Sporthalle mit einem speziellen Belag, der sowohl von den Basketballern als auch von den Rollsportlern (auch im Wettkampf) genutzt werden kann. Im Untergeschoss befinden sich acht Kegelbahnen und der Gastronomiebereich. Im Außenbereich der Halle wurde für den Roll- und Schlittschuhclub noch eine Freifläche zum Trainieren angelegt. Betrieben wird die Halle durch den Dachverein.

Entsprechend den Mitgliedermeldungen an den zuständigen Fachverband ist jeder Verein verpflichtet, pro Mitglied und Monat 0,50 € an den Dachverein zu zahlen. Für den laufenden Betrieb der Halle erhält der Dachverein einen Energiekostenzuschuss von der Stadt. Des weiteren werden von der Stadt Reparaturen und Instandhaltungsarbeiten bis 5.000 € ohne Voranmeldung bezuschusst. Sollten Investitionen im Baubereich anfallen, muss eine Bezuschussung ein Jahr im Voraus beantragt werden und liegt bei 10-15 Prozent der Baukosten. Weitere Einnahmen erzielt der Dachverein durch die Verpachtung der Gaststätte, die Vermietung der Kegelbahn an Freizeitsportler und die Vermietung der Halle an das Schulamt. Die Schule hat zwischen 8.00 und 13.00 Uhr das Nutzungsrecht für die Halle, in der Zeit zwischen 14.00 und 23.00 Uhr nutzen die Rollsportler und Basketballer die Halle. Die Nutzung der Halle ist für die beiden Vereine kostenlos, der Keglerverein muss dagegen 1,- €/Std./Bahn zahlen. Nach Aussagen des Geschäftsführers Günter Brust ist die Halle zu 70-80 Prozent ausgelastet.

Seit Gründung des Dachvereins Sportzentrum Orpheum arbeiten die drei Vereine sehr konstruktiv zusammen, obwohl die drei Sportarten wenig gemeinsam haben. Jährlich findet ein gemeinsamer Arbeitseinsatz zur Pflege der Halle und der Anlage statt. Gerade der Rollsport bringt internationales Flair in das Sportzentrum. Im Rollsportstadion am Orpheum fanden schon Europameisterschaften, Europäische Pokalwettbewerbe, Deutsche und Deutsche- Jugend-Meisterschaften, Landes-Meisterschaften und Rollsport-Revuen statt, u.a. waren die Nationalmannschaften von Ägypten, Israel, Portugal, Spanien und den USA zu Gast.

4.3.3 TSG Rohrbach

Am Beispiel der TSG Rohrbach, einer der größten Heidelberger Sportvereine, soll gezeigt werden, wie ein Verein städtische Sportstätten übernehmen kann. Rohrbach ist ein Stadtteil im Süden von Heidelberg.

4.3.3.1 Der Verein

Die TSG Rohrbach entstand 1938 aus dem Zusammenschluss der Vereine TV Rohrbach und FG Rohrbach. Während der TV Rohrbach schon 1889 mit Schwerpunkt Turnen gegründet wurde, kam die FG Rohrbach als Einspartenverein für Fußball erst im Jahre 1919 dazu. Zwischen 1995 und 1997 wurden weitere, schon bestehende Vereine in die TSG Rohrbach integriert: der Hockey Club E.I., der Heidelberger Fecht-Club und die Base- und Softballspieler der Heidelberg Hedgehogs.

Mitte der 80er Jahre zählte der Verein um die 1.000 Mitglieder. Durch die Einrichtung einer Geschäftsstelle und die Anstellung eines hauptamtlichen Sportlehrers (über eine Arbeitsbeschaffungsmaßnahme) im Jahre 1985 nahm der Verein professionelle Strukturen an. Unter dem Motto "Etwas Fitness braucht der Mensch" begann sich die TSG Rohrbach nach außen zu öffnen und verzeichnete durch neue Angebote im Bereich des Freizeitsports einen großen Mitgliederzuwachs. Im Jahr 2004 sind knapp 2.000 Menschen Mitglied bei der TSG Rohrbach, 40 Prozent davon sind Kinder und Jugendliche unter 18 Jahren. Die Zielsetzung des Vereins ist klar formuliert:

> *"Die TSG Rohrbach möchte "Ein Sportverein für Alle" sein. Das bedeutet, dass alle Bevölkerungsschichten und Altergruppen angesprochen werden müssen und jeder das Angebot finden können muss, das seinen Bedürfnissen entspricht."* (TSG Rohrbach, 2004, o.S.)

Die Angebote des Vereins haben sich im Laufe der Jahre weiter vergrößert und bieten sowohl für Leistungssportler als auch für Freizeitsportler etwas an: Badminton, Beachvolleyball, Behindertensport, Base- und Softball, Capoeira, Fechten, Fitness & Gesundheit, Hockey, Kampfkunst, Kegeln, Kindersportschule, Leichtathletik, Musik, Rehabilitationssport, Tanzen, Tennis, Tischtennis, Volleyball und Wrestling. Zudem bietet der Verein den Sommer über verschiedene Aktivitäten außerhalb des Sports wie beispielsweise Jugendcamps, aber auch abteilungsübergreifende Aktivitäten wie die Teilnahme an nationalen und internationalen Austauschmaßnahmen an.

In der Geschäftsstelle des Vereins sind neben dem hauptamtlichen Geschäftsführer noch drei weitere Mitarbeiter fest angestellt, 50 ehrenamtliche Mitarbeiter füllen Positionen im Vorstand und in den Abteilungen aus. Knapp 100 ausgebildete Übungsleiter bieten jede Woche über 250 Sportstunden an. Auf Grund der hohen Qualität des Übungsbetrieb wurde der Verein mit den Qualitätssiegeln "Pluspunkt Gesundheit", "Sport pro Gesundheit" und "Sport pro Reha" ausgezeichnet.

Wer Mitglied bei der TSG Rohrbach wird, zahlt eine einmalige Aufnahmegebühr und eine monatliche Gebühr an den Hauptverein. Zusätzlich kommen monatliche Abteilungsbeiträge hinzu, die die Abteilungen selbst festlegen und die sich von Abteilung zu Abteilung unterscheiden (siehe Tabellen 15 und 16). Bislang ist es so, dass die Abteilungen mit ihren Einnahmen aus den individuellen Mitgliedsbeiträgen lediglich Strafen, Sportbekleidung jeglicher Art (Trikots, Trainingsanzüge, Schuhe, usw.), Individual-Sportgeräte (z.B. Schläger, Torwartausrüstung), Meldegelder für Turnierteilnahmen, Individual-Gebühren (z.B. Spielerpässe, Schiedsrichterlizenzen, Übungsleiter-Lehrgänge), über den festgelegten Rahmen hinausgehende Personal- und Fahrtkosten, Abteilungsfeste, Freizeitmaßnahmen, Trainingslager und Turnierausrichtungen bestreiten müssen. Kosten wie beispielsweise Personalkosten bei der Unterhaltung von Sportstätten oder Mieten für Hallengebühren bei Sportveranstaltungen zahlt der Hauptverein. Durch die unterschiedliche Höhe der Kosten, die in den einzelnen Abteilungen anfallen, ergeben sich die unterschiedlichen Abteilungsbeiträge.[8]

Tabelle 15: Aufnahmegebühren und monatliche Beiträge TSG Rohrbach

Beitragsgruppe	**Monats-beitrag**	**Aufnahme-gebühr**
I Einzelmitglied regulär Erwachsener ab 18 Jahren	€ 11,50	€ 18,–
IIa Dauermitglied 2plus Einzelmitglieder Erwachsener nach 2 vollen Kalenderjahren	€ 10,50	
IIb Dauermitglied 5plus Einzelmitglieder Erwachsener nach 5 vollen Kalenderjahren	€ 9,75	
III Einzelmitglied ermäßigt bis 17 Jahre ohne Antragstellung bis maximal 26 Jahre auf jährl. Nachweis* (vor Fälligkeit!) Rehasport mit ärztlicher Verordnung Passiv mit Abteilungszugehörigkeit (auf Antrag der Abt.)	€ 8,75	€ 12,–
IV Vereins-Förderer Passives Fördermitglieder in der GeBeG ohne Abt. (auf Antrag)	€ 5,–	€ 5,–
V Familien (eine Anschrift) = Eltern und alle Kinder bis 17 Jahre Kinder ab 18 Jahren bis 26 auf jährl. Nachweis* (vor Fälligkeit!)	€ 23,–	€ 24,–
+ Zuschläge: Rechnungszahler zzgl. ¼-jährliche Zahlungsweise zzgl.	 € 1,– € 0,75	 € 6,–
* = Schüler, Azubis, Studenten, Wehr-/Zivildienstleistende		

Quelle: TSG Rohrbach

[8] Die Leistungsvereinbarung zwischen Hauptverein und Abteilungen sowie die Mitglieds- und Beitragsordnung finden sich im Anhang.

Tabelle 16: Abteilungsbeiträge bei der TSG Rohrbach

Baseball/Softball:		**Hockey:**	
Einzelmitglied regulär	€ 5,–	Einzelmitglied regulär	€ 7,50
Einzelmitglied ermäßigt	€ 4,75	Einzelmitglied ermäßigt	€ 6,25
Familien	€ 10,-	Familien	€ 12,50
Aufnahmegebühr	€ 31,-	**Kampfkunst:**	
Beachvolleyball		Einzelmitglieder regulär	€ 9,75
Einzelmitglied regulär	€ 3,-	Einzelmitglied ermäßigt	€ 8,25
Einzelmitglied ermäßigt	€ 2,50	**Kindersportschule KiSS:**	
Tageskarte Erwachsene	€ 5,-	1. Kind	€ 20,50
Tageskarte Jugendliche	€ 2,50	2. Kind	€ 15,50
Saisonkarte vor 15. Juli	€ 77,-	3. Kind	€ 10,50
Saisonkarte für Wiederholer	€ 66,-	4. Kind und weitere frei	
Saisonkarte ab 16. Juli	€ 44,-	Zahlungsweise: ¼-jährl. ohne Zuschlag. KiSS-Mitgliedschaft jeweils sechs Monate für die Dauer eines Schulhalbjahres. (01.02.-31.07. und 01.08.-31.01.)	
Capoeira:			
Einzelmitglied bis 17 J.	€ 13,25		
Fechten:		**Leichtathletik:**	
je Mitglied einheitlich	€ 13,75	Einzelmitglied einheitlich	€ 0,50
Fechtpassverlängerung 1x jährlich	€ 13,75	Familien	€ 1,-
FiTROPOLIS – im Verein wohl fühlen:		**Outdoor:**	
gold (komplett)	€ 27,50	je Mitglied einheitlich	€ 5,-
silber (komplett ermäßigt)	€ 25,-	**Rehasport:**	
blue (move ‘n‘ sweat)	€ 22,50	Mitglieder ohne ärztliche Verordnung	€ 11,25
white (sunshine)	€ 22,50	**Tanzstudio "jump"**	
red (fühl-dich-wohl)	€ 22,50	Kids (bis einschl. 10 Jahre)	€ 15,25
Kinderbetreuung (optional)	€ 9,75	Teens (11-17 Jahre)	€ 20,25
Startpaket (einmalig)	€ 40,-	**Tennis (jährlich):**	
Fußball:		Erwachsene	€ 105,–
Einzelmitglied regulär	€ 1,40	Ermäßigte	€ 80,–
Einzelmitglied ermäßigt	€ 1,-	Jugendliche 14-17	€ 55,–
Familien	€ 2,-	Kinder bis 13	€ 25,–
einmalig bei Antragstellung: BFV-Spielerpassgebühren	€ 10,-	Ehepaare	€ 145,–
Damenfußball:		Familien	€ 155,–
Einzelmitglied regulär	€ 1,50	Passive Mitglieder	€ 15,–
Einzelmitglied ermäßigt	€ 1,-	Es wird keine separate Aufnahmegebühr erhoben. Nähere Auskünfte Abteilung Tennis	
Familien	€ 2,-	**Volleyball:**	
einmalig bei Antragstellung: BFV-Spielerpassgebühren	€ 10,-	Einzelmitglied regulär	€ 1,50
JugendSportClub:		Einzelmitglied ermäßigt	€ 1,–
Einzelmitglied ermäßigt	€ 4,50	Familien	€ 2,75

Quelle: TSG Rohrbach

Die Öffentlichkeitsarbeit und Zusammenarbeit mit anderen Institutionen ist ein wichtiger Bestandteil der Vereinsphilosophie. Vor allem mit Kindergärten, Schulen und Seniorenzentren wird eng zusammengearbeitet. Die Vereinszeitschrift *TSG Rohrpost* informiert Mitglieder über das Vereinsgeschehen, Schauvorführungen oder Infostände bei Ausstellungen. Aktionen wie beim autofreien Sonntag oder der Rohrbacher Gewerbeschau werden genutzt, um sich in der Öffentlichkeit zu präsentieren.

4.3.3.2 Die Sportstätten

Wie in Abb. 9 zu sehen ist, liegen viele der von der TSG Rohrbach genutzten Sportstätten nahe beieinander. Der Verein besitzt ein Vereinsheim, in dem die vereinseigene Gaststätte, das Club-Bistro, zwei Kegelbahnen, mehrere Wohnungen und die Geschäftsstelle mit Sitzungszimmer untergebracht sind.

Abb. 9: Von der TSG Rohrbach genutzte Sportstätten
Quelle: Firma Feuer-Wasser, 2004, www.heidelberg-ballon.de

In unmittelbarer Nähe zum Vereinsheim stehen dem Verein eine Leichtathletikanlage mit Rasenspielfeld, ein Hartplatz, ein Kleinspielfeld mit Tartanbelag, ein Rasenkleinspielfeld, Beachvolleyballfelder, Tennisplätze, ein Baseballfeld sowie Hockeyfelder und eine kleine Turnhalle zur Verfügung. Die Sportanlagen sind allesamt auf städtischem Grund und Boden gebaut. Momentan wird in einer alten gemieteten Fabrikhalle das Sportzentrum FiTROPOLIS mit Fitness-Treff, Gymnastikhalle, Mehrzweckraum, Sauna und Bistro gebaut. Dort wird auch die Geschäftsstelle ihre neuen Räume beziehen.

Da alle Sportanlagen ausschließlich von der TSG Rohrbach genutzt werden, wurde für jede Sportstätte eine Vereinbarung mit der Stadt getroffen. Für die Beachvolleyballfelder, die Tennisplätze und das Baseballfeld wurde ein Vertrag zur eigenverantwortlichen Nutzung mit baulicher Unterhaltung geschlossen. Der Verein muss hier alle notwendigen Pflegemaßnahmen selbst erledigen und auch für Instandhaltungsarbeiten aufkommen. Für Reparaturen und Instandhaltungsarbeiten in der Turnhalle ist die Stadt weiterhin verantwortlich, die TSG Rohrbach kümmert sich lediglich um die Reinigung der Halle. Diese wird von einer bezahlten Mitarbeiterin durchgeführt. Die Strom- und Wasserkosten für die Turnhalle trägt die Stadt. Für die restlichen Sportstätten (Leichtathletikanlage, Rasenspielfeld, Hartplatz, Kleinspielfeld und Rasenkleinspielfeld) wurde ein langfristiger Nutzungsvertrag geschlossen. Die Stadt führt sowohl Pflegemaßnahmen als auch Reparaturen und Instandhaltungsmaßnahmen durch. Den Belegungsplan für die Sportstätten erstellt der Verein und koordiniert damit seine Abteilungen selbst.

4.3.4 SV Mannheim

Das Beispiel des Schwimmverein Mannheim soll aufzeigen, dass auch der Eigenbetrieb bzw. die Übernahme städtischer Bäder für einen Verein möglich sein kann.

4.3.4.1 Der Verein

Der SV Mannheim entstand – wie die TSG Rohrbach – 1919 durch einen Zusammenschluss von drei Schwimmvereinen: SC Salamander Mannheim, SC Poseidon Mannheim und SG Hellas Mannheim. Die ursprünglichen Vereine wurden zwischen 1901 und 1905 gegründet und hatten neben Schwimmen auch Wasserball im Angebot. Der Zusammenschluss wurde durch fehlende weitere Trainingsstätten und durch den Ersten Weltkrieg stark dezimierte Mitgliederzahlen notwendig.

Der Verein zählt im Jahr 2004 657 Mitglieder. Zu den ursprünglichen Angeboten kamen noch eine Triathlon-Trainingsgruppe, sowie die Sparten Freizeit- und Seniorensport hinzu. Der Verein wird ehrenamtlich geführt, insgesamt zählt der Vorstand 17 Mitglieder. Neben der vergleichsweise hohen Anzahl an Vorstandsmitgliedern ist das relativ niedrige Durchschnittsalter von 43 Jahren und eine gewisse Professionalität in der Besetzung von Positionen auffallend. Die meisten Aufgabenbereiche werden von Leuten begleitet, die diese Tätigkeit auch beruflich ausüben, was gerade im Bereich der Finanzen ein großer Vorteil ist.

4.3.4.2 Die Sportstätten

Der SV Mannheim besitzt zwei Sportstätten: das Sommerbad Stollenwörthweiher in Neckarau und seit September 2004 per Pachtvertrag das Hallenbad Seckenheim. Außerdem wird das Hallenbad in Neckarau und das Herschelbad in der Stadtmitte noch für den Trainingsbetrieb genutzt. Für die beiden letztgenannten Bäder muss der SV Mannheim Miete an die Stadt zahlen.

Der Verein gliedert sich in drei Teilbereiche: den ideellen Bereich (Organisation und Durchführung des Trainingsbetriebs) sowie die Geschäftsbetriebe Stollenwörthweiher und Hallenbad Seckenheim.

Stollenwörthweiher Neckarau

Im Jahr 1921 kaufte der SV Mannheim die ehemalige Militärschwimmanstalt, nachdem der Verein schon zuvor dort sein Training abgehalten hatte. Das Schwimmbad wurde durch Wasser vom Altrhein versorgt. Nach dem Zweiten Weltkrieg wurde das Sommerbad in ehrenamtlicher Eigenleistung wieder aufgebaut. Nachdem ein Baden und Schwimmen 1954 auf Grund von Wasserverseuchungsgefahr seitens der Stadt auf Dauer untersagt worden war, zog der Verein auf Vorschlag der Stadt an den Kiesweiher Stollenwörth um. Das Gelände hat 12.000 qm, der Weiher misst eine Größe von 600 mal 180 Meter. Es wurden eine 50-m-Wettkampfbahn mit acht Bahnen, ein Kinderplanschbecken, ein Clubhaus mit Gastraum und Küche, ein Vorstandszimmer, Umkleidekabinen, Kassenhäuschen, später eine Gaststätte mit Außenterrasse und Pächterwohnung, ein Spielplatz, ein Beachvolleyballfeld und ein Kiosk errichtet.

Die Pflege und Unterhaltung des Strandbades liegt in der Verantwortung des Vereins. Während beispielsweise der Rasen von Ehrenamtlichen gemäht wird, wird die Pflege und der Schnitt der Bäume an eine Firma vergeben. Über die Sommermonate werden Leute für das Kassenhäuschen und Bademeister eingestellt. Einnahmen werden durch die Verpachtung der Gaststätte und Eintrittsgelder erzielt. Mitglieder des SV Mannheims haben freien Eintritt. Zusätzlich erhält der SV einen Betriebskostenzuschuss, da das Bad auch der Öffentlichkeit zugänglich ist.

Abb. 10: Stollenwörthweiher Neckarau
Quelle: 100 Jahre Schwimmverein Mannheim, 2001, S. 161

Hallenbad Seckenheim

Mit einem "Pachtvertrag und Dach und Fach" übernahm der SV Mannheim im September 2004 das Hallenbad Seckenheim von der Stadt Mannheim. Mit diesem Vertrag liegt die Verantwortung für das Hallenbad (Trainingsbetrieb, Vermietung von Hallenzeiten, Reinigung etc.) beim Verein, Reparaturen an Technik oder Gebäude werden aber weiterhin von der Stadt getragen.

Wenn der Verein das Hallenbad nicht übernommen hätte, wäre es von der Stadt geschlossen worden. Da der SV 80 Prozent seines Trainingsbetriebs im Hallenbad Seckenheim abhielt, entschloss sich der Verein nach achtmonatigen Verhandlungen mit der Stadt Mannheim zur Übernahme, um auch den weiteren Übungsbetrieb zu sichern. Mit der Übernahme des Hallenbades mussten auch die alten Verträge übernommen werden. So zahlen die Vereine, die ihre Miete bisher an die Stadt zahlten, den gleichen Betrag nun an den SV Seckenheim; eine Mieterhöhung ist – anders als bei Neuverträgen - vorerst nicht möglich. Ein weiterer Bestandteil des Vertrags ist die Öffnung des Bades für die Öffentlichkeit an einem Tag der Woche. Auch hier sind die Eintrittspreise (noch) gedeckelt.

Die Unterhaltungskosten sind mit 150.000 Euro pro Jahr veranschlagt. Ein Gewinn wird nicht erwirtschaftet werden können, das Ziel ist eine schwarze Null. Die Stadt zahlt an den Verein einen Betriebskostenzuschuss, der in etwa die Energiekosten des Hallenbades deckt. Weitere Einnahmen werden durch die Vermietung des Bades an andere Vereine und durch Eintrittsgelder erzielt.

Abb. 11: Hallenbad Seckenheim
Quelle: eigene Aufnahme

Schon recht früh konnte die Auslastung von 72 Prozent auf jetzt 92 Prozent gesteigert werden. Morgens ist das Bad an verschiedene Schulen vermietet, am frühen Nachmittag trainieren Polizei, Feuerwehr oder Uni, am späten Nachmittag bis 22 Uhr am Abend wird das Hallenbad vom SV selbst oder anderen Sportvereinen wie Tauchen, DLRG oder Kanuclub genutzt. In den Verträgen mit den anderen Nutzern wurde festgelegt, dass die Miete im Voraus bezahlt werden muss. Dies ist unbedingt notwendig, weil der Verein für die laufenden Kosten nicht in Vorleistung treten kann. Für die Wartung und den technischen Ablauf wurde ein Langzeitarbeitsloser eingestellt, der von Beruf Techniker ist. Die ersten zwei Jahre werden 50 Prozent seines Lohns mit Hilfe des Wiedereingliederungszuschusses finanziert, danach soll die Stelle mit Einnahmen aus dem Badebetrieb finanziert werden können.

4.3.5 Erzhausen

Das Beispiel der Sporthallenbetreibergesellschaft Erzhausen GbR soll zeigen, wie Public Private Partnership auch bei Sportstätten angewandt werden kann. Die Gemeinde Erzhausen (ca. 7.000 Einwohner) im Landkreis Darmstadt-Dieburg hat als eine der ersten Gemeinden einen derartigen Schritt vollzogen.

4.3.5.1 Die Sportstätte

Schon in den 50er Jahren wurde eine neue Sporthalle geplant und seitdem auf den Bau hingespart. Im Jahr 1999 wurde die Baugenehmigung beantragt und erteilt.

Abb. 12: Sporthalle Erzhausen
Quelle: LSB Hessen, Sportstättenmanagement, 2004, S. 153

Die Sporthalle erhielt folgende Räume: eine 20x40 Meter große Sporthalle, Geräte-, Umkleide- und Putzräume, ein Fitness-Studio, ein Geschäftszimmer, ein Sitzungsraum (derzeit als Gymnastikraum genutzt) und eine Sauna im Erdgeschoss. Im Zwischengeschoss wurde eine 220 qm große Gymnastikhalle, weitere Geräteräume und Umkleiden, eine Galerie für Zuschauer und eine Teeküche eingerichtet. Im Obergeschoss ist eine Drei-Feld-Tennishalle und ein Aufenthaltsraum untergebracht. Insgesamt steht eine Fläche von 5.850 qm zur Verfügung.

4.3.5.2 Die Betreiber

Für die Betreibung der Halle wurde von der Gemeinde Erzhausen, dem SV Erzhausen und der TC Erzhausen. die Sporthallenbetreibergesellschaft Erzhausen GbR gegründet.

Der Sportverein Erzhausen ist mit seinen knapp 2.000 Mitgliedern der größte Sportverein in der Gemeinde. Der SV Erzhausen ist ein eher untypischer Mehrspartenverein, was das Angebot anbelangt. Zum einen gibt es die Sportarten Badminton, Basketball, Fußball, Judo, Radsport, Tischtennis, Turnen und Herzsport. Zum anderen gibt es mit dem Blasorchester, der Chorgemeinschaft und den Tanzsportangeboten Dancing-Boots, Jazztanz, Karneval und Tanzsport allgemein ein breites Angebot im musikalisch-tänzerischen Bereich. Außerdem gibt es noch eine Abteilung Wandern und der Verein betreibt das Fitnesscenter. Trotz seiner Größe wird der Verein lediglich von drei Vorstandsmitglieder ehrenamtlich geführt.

Der Tennisclub Blau-Weiß Erzhausen e. V. wurde 1963 gegründet und zählt heute ca. 430 Mitgliedern - davon ca. 130 Jugendliche. Die Jugendarbeit wird groß geschrieben, es gibt sogar einen "Tennis-Kindergarten", in dem Kinder ab fünf Jahren spielerisch an den Sport herangeführt werden sollen. Auch wenn der TC nur ein Einspartenverein ist, so ist das Angebot innerhalb des Vereins groß. Es gibt Leistungssportgruppen, Freizeit- und Breitensportgruppen, Kurzkurse wie beispielsweise "Doppeltraining", Hobbyrunden, Freizeitturniere, Einzel-, Gruppen- und Mannschaftstraining, Training auf der Außenanlage und in der Halle und sportartübergreifende Aktivitäten wie Ausflüge etc.

Ziel der Gründung einer Sporthallenbetreibergesellschaft war, das Miteinander der Gemeinde und der Vereine in den Vordergrund zu stellen und ehrenamtliche Arbeit mit einzubinden. Die Aufgaben der Sporthallenbetreibergesellschaft Erzhausen sind die Vermietung und die Unterhaltung der Halle.

Die Halle wurde komplett aus Gemeindemitteln finanziert und dann an die Betreibergesellschaft übergeben. Im Innenverhältnis der Betreibergesellschaft trägt die Gemeinde Erzhausen auch die laufenden Kosten. Einnahmen werden durch die Vermietung der Halle an andere Vereine, Privatpersonen und Betriebe erzielt. Auch der SV Erzhausen und der TV Erzhausen zahlen Hallennutzungsgebühren. Die Schulen nutzen die Halle kostenlos. Mit den Einnahmen wird das zinslose Darlehen, das die Gemeinde vom Land Hessen für den Bau erhielt, getilgt.

Die Sporthallenbetreibergesellschaft hat einen Vorstand und einen Beirat. Der Vorstand setzt sich aus dem Bürgermeister, der auch der Vorsitzende des Vorstands ist, und jeweils einem Vertreter der beiden Vereine zusammen. Im Beirat sind fünf Vertreter der Gemeinde Erzhausen (aus Gemeindevertretung oder Gemeindevorstand) und jeweils zwei Vertreter der Vereine. Der Vorsitzende der Gemeindevertretung ist Vorstand des Beirats, leitet die Sitzungen und entscheidet bei Stimmengleichheit.

Die Betreiber sehen das Projekt sehr positiv. Durch das Miteinander in der Betreibung sei auch der Vandalismus in der Halle stark zurückgegangen, weil Nutzer und Mitglieder offensichtlich mehr Verantwortungsbewusstsein im Umgang mit "Eigentum" zeigen.

4.3.6 TEAM World of Fitness

Die Fitness-Studio-Kette *TEAM World of Fitness* soll als letztes Beispiel das Konzept von Franchising näher erläutern.

4.3.6.1 Das Fitness-Studio

TEAM World of Fitness wurde 1988 von Bahram Ekhtebar in Aachen gegründet. Die Fläche des Fitness-Studios belief sich auf 550 qm. Das Besondere bei *TEAM World of Fitness* war, dass kein anderes Fitness-Studio in Aachen zu diesem Zeitpunkt Kurse anbot. 1996 eröffnete Bahram Ekhtebar bereits das dritte Fitness-Studio in Aachen. Das Angebot wurde um Badminton, einem verschiedentlich nutzbaren Game-Court und eine Sauna auf einer Gesamtfläche von 1.300 qm erweitert. Mittlerweile gibt es 19 Anlagen von *TEAM World of Fitness*, hauptsächlich in Nordwestdeutschland. Ein Teil der Studios wird von Franchise-Partnern betrieben. Nach Angaben von *TEAM World of Fitness* trainieren alleine in Aachen und der näheren Umgebung 10.000 Mitglieder (TEAM WOF, 2003, o.S.).

Abb. 13: TEAM World of Fitness, Studio in Eschweiler
Quelle: TEAM World of Fitness, 2004, o.S.

Das Ziel der Fitness-Studio-Kette ist in der Unternehmensphilosophie formuliert:

> *"Unser erklärtes Ziel ist es, weiter zu wachsen und der in Deutschland führende Betreiber von Sport-, Fitness- und Freizeitanlagen zu werden. Gleichzeitig möchten wir einen Beitrag zur Erhaltung und Förderung der Grundwerte unserer Gesellschaft leisten." (TEAM WOF, 2004, o.S.).*

Zudem hat sich das Unternehmen verpflichtet, regelmäßig einen Teil seines Gewinns karitativen Einrichtungen zukommen zu lassen.

4.3.6.2 Das Angebot

Das Angebot unterscheidet sich nicht wesentlich von dem anderer Fitness-Studios. Es gibt einen Kursbereich, ein breites Angebot an Fitness- und Cardiogeräten sowie einen Wellness-Bereich mit Sauna, Massage, Entspannungskursen und Sonnenbänken. Der Cardio-Bereich ist mit einem "Cardio-Kino" ausgestattet, so dass es dem Nutzer möglich ist, während des Trainings mit Kopfhörer Fernsehen zu schauen. Des weiteren werden über die Sommermonate diverse Outdoor - Aktivitäten angeboten. Über das Jahr verteilt werden Seminare und Workshops, wie Tanz- und Sprachkurse oder persönlichkeitsbildende Seminare angeboten. In jeder Anlage gibt es einen Kids Club, in dem die Kinder während des Trainings der Eltern betreut werden. Jedes Mitglied bekommt von einem Trainer ein individuelles Programm zusammengestellt, das regelmäßig kontrolliert und gegebenenfalls angepasst wird. Alle Mitarbeiter und Trainer müssen regelmäßig an Weiterbildungen teilnehmen.

Abb. 14: Ein Teil des Wellness-Bereichs in der Anlage Offenbach
Quelle: TEAM World of Fitness, 2004, o.S.

4.3.6.3 Das Betreiberkonzept

TEAM World of Fitness verfolgt zwei verschiedene Expansionsstrategien: die nähere Umgebung soll mit einem Filialsystem, Standorte in größerer Entfernung dagegen mit einem Franchise-System erschlossen werden. Eigens dafür wurde 1996 die *TEAM WOF Franchising GmbH & Co. KG* gegründet. 1998 eröffnete in Osnabrück die erste Anlage von *TEAM World of Fitness* mit Franchising als Betreiberkonzept. Bis heute gibt es elf Franchise-Partner, die Anlagen in Aachen, Würselen, Eschweiler, Jülich, Düren, Übach-Palenberg, Osnabrück, Gießen, Offenbach/M. und Rheine betreiben.

TEAM World of Fitness möchte bereits ganz zu Beginn den zukünftigen Franchise-Nehmern Unterstützung geben. So hilft das Unternehmen unter anderem bei der Erstellung von Standortanalysen und Prognoserechnungen, der Rechtsformwahl, bei Kreditverhandlungen, der Baubetreuung oder der Erstellung eines individuellen EDV-Konzeptes. Für den späteren Betrieb ist das Unternehmensführungskonzept, welches Beschaffung, Dienstleistungserstellung, Absatz und Verwaltung umfasst, fest vorgegeben. Für alle Bereiche sind Ziele formuliert, die mit Hilfe von vorgegebenen Umsetzungsstrategien erfüllt werden sollen. Damit möchte das Unternehmen einheitliche Standards sicherstellen. Innerhalb des Unternehmens wird streng auf die Einhaltung des Konzepts geachtet, um die Marke weiterentwickeln zu können. Zudem gibt der Franchise-Geber eine sogenannte "Fairness-Garantie":

> *"Wir garantieren, dass wir jeden Preisvorteil, den wir aufgrund unserer Beziehungen und Verbindungen erhalten, in vollem Umfang an unsere Franchise-Partner weitergeben. Außer der Eintrittsgebühr und der laufenden Franchisegebühr erhält TEAM World of Fitness von keiner Seite weitere Zahlungen. Wird dem Franchise-Partner binnen eines Jahres nach Vertragsabschluss ein von ihm über den Franchise-Geber bezogenes Produkt zu günstigeren Konditionen angeboten, verpflichtet sich TEAM World of Fitness, den Differenzbetrag auszugleichen!"* (TEAM WORLD OF FITNESS, 2004, o.S.)

Der Franchise-Nehmer muss für die Übernahme des Unternehmenskonzepts und die Beratungen zunächst eine Eintrittsgebühr zahlen, in den weiteren Jahren eine jährliche Franchisegebühr.

4.4 Zusammenfassung

Wie die beschriebenen Beispiele zeigen, sind die Betreiberkonzepte sehr unterschiedlich. Jeder Verein muss zunächst sein Leistungspotential analysieren und dann das für seine Gegebenheiten passende Konzept finden. Dabei sind folgende Punkte zu berücksichtigen:

Finanzkraft

Die größten Einschränkungen bei Sportvereinen bildet meistens das Eigenkapital und häufig das Fehlen von Rücklagen. Es ist nicht nur mit dem Bau einer Sportstätte getan, es müssen vielmehr auch die Folgekosten bedacht und einkalkuliert werden. Falls ein Bankkredit aufgenommen werden muss, muss der Verein Sicherheiten bieten und gegenüber der Bank auch Beweise über die Finanzkraft erbringen können. Viele Vereine sind zudem auf Spenden und Sponsoren angewiesen, um die laufende Kosten im Sportbetrieb decken zu können. Dies birgt jedoch ein größeres Risiko, weil die Höhe der Spenden nicht sicher vorhergesagt werden kann und nur langfristige Sponsorenverträge etwas mehr Planungssicherheit bieten.

Rückhalt der Mitglieder

Bei der Entscheidung für ein Betreiberkonzept braucht der Verein auf jeden Fall den Rückhalt der Mitglieder. Sie sind die Nutzer der Sportstätten und bilden mit ihrem ehrenamtlichen Engagement sowie der Wahrnehmung der Sportangebote das Fundament für ein tragfähiges Konzept. Bei älteren und langjährigen Mitgliedern herrscht oft Skepsis, wenn es um neue Angebote geht, die Trendsportarten aufnehmen. Auch der Neubau einer Sportstätte wird häufig kritisch gesehen. Dieser Personenkreis spricht sich auch häufig gegen Beitragserhöhungen aus und tut sich schwer, gravierende organisatorische Veränderungen mitzutragen. Oft halfen sie beim Aufbau des Vereins oder der Abteilungen mit, investierten unzählige ehrenamtliche Stunden und empfinden eine Neustrukturierung als nicht notwendig.

Mitarbeit im Verein

Es ist wichtig, dass viele Mitglieder für eine dauerhafte Mitarbeit im Sportverein gewonnen werden. Die Hauptarbeit im Verein sollte auf gar keinen Fall nur auf den Schultern von einer oder zwei (ehrenamtlichen) Personen lasten, da bei einem Ausfall dieser Person/en der Verein zunächst in seiner Handlungsfähigkeit eingeschränkt sein wird. Der Verein ist auch dann auf Ehrenamtliche angewiesen, wenn die Umsetzung eines Betreiberkonzepts eine personelle Professionalisierung, d.h. die Einstellung hauptamtlicher Mitarbeiter erfordert. Es gibt immer noch viele Positionen, z.B. im Vorstand oder in der Abteilungsleitung, die von Ehrenamtlichen übernommen werden sollten. Schon aus wirtschaftlichen Gründen sollte auf die Mitarbeit von Ehrenamtlichen nicht verzichtet werden.

Umstellung im Sportverein

Ein neues Betreiberkonzept erfordert oftmals eine Änderung in der Vereinsstruktur. Eine Veränderung kann beispielsweise die Umstellung vom rein "ehrenamtlich" geführten Sportverein zur Beschäftigung von hauptamtlichen Mitarbeitern sein. Das bringt auch eine Umstellung in der Vereinsverwaltung mit sich. Lohn- und Gehaltsabrechungen müssen regelmäßig und mit der notwendigen Sachkenntnis gemacht werden. Das erfordert die Anschaffung von PCs oder sogar die Einbindung eines Steuerberaters. Bei einer zunehmenden Professionalisierung ist auch die Festlegung einer angemessenen Vergütung für Trainer und Übungsleiter sowie die Vereinsmitarbeiter unbedingt notwendig.

5 FAZIT UND PERSPEKTIVEN

Die Frage, welcher Vereinstyp mit welcher Personalstruktur und welchem Finanzvolumen geeignet ist, eine bestimmte Sportstätte mit diesem oder jenem Betreiberkonzept zu betreiben, lässt sich nicht abschließend beantworten.

Wenn es um den Neubau von Sportstätten geht, haben finanz- und umsatzstarke Vereine natürlich Vorteile gegenüber Vereinen mit geringeren Budgetsummen. Doch wie das Beispiel des Sportzentrums Orpheum zeigt, können auch kleinere Vereine gemeinsam eine Sportstätte bauen und betreiben, wenn einem Verein allein die finanziellen Mittel dazu fehlen.

Das Betreiben eigener Sportstätten ist immer mit hohen Kosten verbunden. Vor allem Outdooranlagen und spezielle Sportstätten wie Reitanlagen, Kanuslalomstrecken, Schießstände etc. haben den Nachteil, dass sie zu keiner Zeit eine 100 prozentige Kostendeckung erreichen können. So müssen alle Sportvereine, die eine Sportstätte übernehmen oder eine eigene Anlage betreiben, immer auch die Folgekosten bzw. die laufenden Kosten im Blick haben.

Die Konzepte des Public Private Partnership und des Franchising erfordern einen relativ hohen Professionalisierungsgrad des Sportvereins. Dies betrifft hauptsächlich den Bereich des Personals. Da die meisten Sportvereine erst am Anfang einer Professionalisierung stehen, ist es für Vereine schwieriger, eines der beiden Konzepte umzusetzen. Dennoch sollte gerade Public Private Partnership als Konzept der Zukunft betrachtet werden. Der Austausch von gegenseitigem Know-how und die Möglichkeit, dass Sportvereine und Kommunen die Schwächen des jeweils anderen in dieser Konstellation kompensieren können, macht das Konzept attraktiv. Trotz allen Vorteilen, wird Public Private Partnership bisher nur wenig angewandt.

Franchising wird sich dagegen wahrscheinlich kaum bei Sportvereinen durchsetzen können. Eine wesentliche Voraussetzung für Franchising, nämlich das einheitliche Auftreten, kann bei bereits vorhandenen Sportstätten nur schwerlich erfüllt werden. Eine Möglichkeit für Sportvereine, das Konzept des Franchising umzusetzen, bietet sich als Franchisenehmer für ein Fitness-Studio. So könnte beispielsweise ein Verein bei einer bekannten Fitness-Studio Kette in der Umgebung als Franchisenehmer einsteigen und somit vom Image der Kette profitieren. Doch der Zwang zu einer hohen Professionalisierung wird die meisten Vereine auch in Zukunft von diesem Konzept zurückschrecken lassen.

Die Studie hat gezeigt, dass kein Vereinstyp immer alle Voraussetzungen für ein bestimmtes Betreiberkonzept mitbringt. So ist es nicht möglich, eine allgemein gültige Aussage zu treffen.

Eine Möglichkeit für Vereine, dennoch das für seine Sportstätten optimale Betreiberkonzept zu finden, bietet der Ansatz der "Kooperativen Planung" (vgl. Kapitel 2.2). Die Stadt Friedrichsdorf hat diesen Weg bei den Planungen zu einem Betreiberkonzept für den Sport- und Freizeitpark Friedrichsdorf gemeinsam mit den Vereinen beschritten. Bei der Suche nach einem Betreiberkonzept treffen sich alle betroffenen Gruppen (Nutzer, Mitglieder, Vereinsführung, eventuell ein externer Partner wie die Kommune etc.), um gemeinsam ein Betreiberkonzept zu erarbeiten. Dabei ist eine gründliche Abwägung aller Vor- und Nachteile sowie die Analyse der eigenen Stärken und Schwächen notwendig. Durch die Diskussion innerhalb der Gruppe werden verschiedene Sichtweisen in den Prozess einbezogen. Der Vorteil am Verfahren der "Kooperativen Planung" ist, dass die Akzeptanz der Vereinsmitglieder und der Nutzer für das Betreiberkonzept steigt, da sie ihre Interessen vertreten konnten und am Entscheidungsprozess beteiligt waren. Eine hohe Akzeptanz bei allen Beteiligten ist eine wesentliche Voraussetzung für den Erfolg eines Betreiberkonzepts.

Es muss davon ausgegangen werden, dass die finanziellen Spielräume der Kommunen immer kleiner werden. Auch der Sport wird davon betroffen sein. Dies wird dazu führen, dass die Sportvereine immer häufiger mit der Übernahme kommunaler Sportstätten oder dem Entwickeln eigener Betreiberkonzepte konfrontiert werden. Die Sportvereine sollten sich mit dieser neuen Aufgabe frühzeitig auseinander setzen. Die Vereine, die sich für ein Betreiberkonzept entscheiden, müssen individuell prüfen, welches Konzept am besten zu ihrem Verein passt. Dabei sind die vorhandenen Sportstätten genauso zu berücksichtigen wie die finanziellen Gegebenheiten, die Einbettung der Vereine in die Siedlungsstruktur, die Größe des Vereins und der Vereinstyp. Durch die verschiedenen Konzepte oder auch die Möglichkeit der Kombination verschiedener Konzepte erscheint es möglich, dass jeder Verein das passende Betreiberkonzept finden kann.

LITERATURVERZEICHNIS

BADISCHER SPORTBUND, (2003): Perspektiven unserer Vereine, Vortragspräsentation, 6. März 2004, Karlsruhe.

BELLONE, V. (o.J.): Franchising – Existenzgründung mit System. In: Existenzgründung mit System – die Broschüre des Deutschen Franchise – Verbandes e.V. (o.J.), Berlin, 5-12.

CONZELMANN, A. U.A. (2003): BSB-Vereinsstudie 2003, Badischer Sportbund Nord e.V. (Hrsg.), Karlsruhe.

CONZELMANN, A. U.A. (2003): Die WLSB-Vereinsstudie 2002, Württembergischer Landessportbund e.V. (Hrsg.), Stuttgart.

DEUTSCHER FRANCHISE-VERBAND E.V. (o.J.): Existenzgründung mit System – die Broschüre des Deutschen Franchise – Verbandes e.V., Berlin.

DEUTSCHER SPORTBUND E.V. (2003): Bestandserhebung 2003, Frankfurt a.M..

DIERKER, H. / DELP, H. (1997): Materialien zum Workshop "Regionale Sportstättenkonzepte", 08.-09.09.1997, Frankfurt.

ECKL, S. / SCHRADER, H. (2004): Kooperative Sportentwicklungsplanung in Remseck am Neckar, unveröffentlichter Abschlussbericht, Stuttgart.

EITEL, W. (2003): Gebt dem Sport endlich, was des Sports ist! In: DER SPORT (2003): Das Magazin des Württembergischen Landessportbundes, 22/2003, 14-15.

GASTEYER, T. (o.J.): Prozessleitfaden Public Private Partnership, Frankfurt.

HAANER TV (1998): Vereins-Satzung vom 28.06.1998, Haan.

HAANER TV (2002): Protokoll der außerordentlichen Mitgliederversammlung vom 18. Novmeber 2002, Haan.

HAANER TV (2004): http://www.haaner-tv.de/ vom 11.08.2004.

HEINEMANN, K. / SCHUBERT, M. (1994): Der Sportverein – Ergebnisse einer repräsentativen Untersuchung, Köln.

HIPP, R. (2004): Finanzierung des Sports – Problem und Folgen. In: Sport Journal, 03/2004, 2.

HÖRSGEN, H. (2003a): Sporträume, http://www.vibss.de/vibss/live/show.php3?id=8&nodeid=8&action=gruppe vom 31.07.2004.

HÖRSGEN, H. (2003b): Haftungsfragen, http://www.vibss.de/vibss/live/vibssinhalte/show.php3?id=34&nodeid=8. vom 02.08.2004.

HÜBNER, H. (1994): Von lokalen Sportverhaltensstudien zur kommunalen Sportstättenentwicklungsplanung, Beiträge zu einer zeitgemäßen kommunalen Sportentwicklung, Münster.

HÜBNER, H. (2000): Sportstättenentwicklungsplanung in Kommunen unterschiedlicher Größe, in: Landessportbund Hessen (Hrsg.): Sportstättenentwicklungsplanung, Band 7 der Handbuchreihe: Zukunftsorientierte Sportstättenentwicklung, Aachen, 51-66.

KLUNZINGER, E. (1999): Grundzüge des Gesellschaftsrechts, 11. überarb. Auflage, München.

LANDESSPORTBUND HESSEN E.V. (Hrsg) (2002): Kooperative Sportentwicklungsplanung – Zukunftsorientierte Sportstättenentwicklung, Band 12, Frankfurt a.M..

LANDESSPORTBUND HESSEN E.V. (Hrsg) (2004): Sportstättenmanagement – Zukunftsorientierte Sportstättenentwicklung, Neue Wege für vereinseigene und kommunale Sportstätten, Band 6, Frankfurt a.M..

MINISTERIUM FÜR JUGEND KULTUS UND SPORT (2004): 17. Landessportplan Baden-Württemberg (2004), Stuttgart.

O.V. (2004a): Betreiberkonzept, http://www.baunetz.de/fachplaner/glossar_fm/00101c__.htm vom 03.04.2004.

O.V. (2004b): Gebäudemanagement, http://www.hi.hessen.de/service/f.shtml vom 30.07.2004.

RADDATZ, H. (2004): Sportstättenmanagement durch den Verein – Erfahrungen, Möglichkeiten und Grenzen – Vortragsskript am 30.06.2004 in Köln.

RITTER, V. (2003): Der Einfluss gesellschaftlicher Trends auf den Sport, Vortragspräsentation, 21. Oktober 2003, Luzern

RUMMELT, P. (1998): Moderne Sport-Kommune – Plädoyer für eine moderne Sportkommune, Frankfurt a.M..

SKAUPY, W. (1995): Franchising, 2. Auflage, München.

SPORT JOURNAL 03/2004, Zeitschrift des Landessportverbandes Baden-Württemberg.

SV MANNHEIM (2001): 100 Jahre Schwimmverein Mannheim, Mannheim

TEAM WORLD OF FITNESS (2004): Franchising, http://www.team-wof.de/content_templates/ctpl_list/ctpl_list.asp?cat_id=16 vom 22.07.2004.

TEAM WORLD OF FITNESS (2003): Pressetext TEAM World of Fitness "Top Quality Fitness" in 19 Anlagen bundesweit, http://www.team-wof.de/content_

templates/ctpl_detail/ctpl_article_detail.asp?art_ID=161&cat_id=19 vom 22.07.2004.

TSG ROHRBACH (2004): http://www.tsgrohrbach.de/ vom 11.08.2004.

VAHLENS GROẞES WIRTSCHAFTSLEXIKON (1994): 2. Auflage, München.

VON HORN, A. (1995): Zur zukünftigen Trägerschaft kommunaler Sportstätten, unveröffentlichte Diplomarbeit, Universität Dortmund, Dortmund.

WEBER, W. U.A. (1995): Die wirtschaftliche Bedeutung des Sports, Bundesinstitut für Sportwissenschaft, Köln.

WEHR, P. (2001): Handbuch Sportstättenmanagement, Landessportbund Hessen e.V. (Hrsg.), Frankfurt.

WETTERICH, J. (2002a): Zukunftsorientierte Sportstättenplanung. In: LANDESSPORTBUND HESSEN E.V. (Hrsg.) (2002): Kooperative Sportentwicklungsplanung – Zukunftsorientierte Sportstättenentwicklung, Band 12, Frankfurt a.M., 15-21.

WETTERICH, J. (2002b): Das Modell der "Kooperativen Planung". In: LANDESSPORTBUND HESSEN E.V. (Hrsg.) (2002): Kooperative Sportentwicklungsplanung – Zukunftsorientierte Sportstättenentwicklung, Band 12, Frankfurt a.M., 22-29.

WETTERICH, J. / WIELAND, H. (1995): Von der quantitativen zur qualitativen Sportstättenplanung: das Modellprojekt "Familienfreundlicher Sportplatz". In: Olympische Jugend 40, 6, 12-17.

WÜRTTEMBERGISCHER LANDESSPORTBUND (2003): Sportentwicklungsplanung Welzheim, unveröffentlichter Projektbericht, Stuttgart.

ANHANG

A 1: Definition Betreiberkonzept vom Onlinedienst für die Baubranche

Ein Betreiberkonzept ist ein ganzheitliches Facility Management-Konzept zur Bewirtschaftung und zum Betrieb eines definierten Gebäudebestandes eines Unternehmens, das sämtliche Gebäude, Anlagen, Objekte und die damit zusammenhängenden Aktivitäten berücksichtigt. Das Betreiberkonzept führt zu einer besseren Wirtschaftlichkeit durch Optimierung der Betriebskosten, klare Abrechnungsmodalitäten, Transparenz der Kosten und ein Kennzahlensystem, zu einer Steigerung der Qualität durch erhöhte Transparenz der Dokumentation, einheitliches, durchgängiges Dokumentensystems, Aktualität der Daten und ökonomische Informationsbereitstellung und zu einer besseren Kunden- und Nutzerbindung durch eine stärkere Kunden- und Nutzerorientierung, marktfähige Leistungspakete, Definition von Service-Level-Agreements, eindeutig benannte Partner und Zuständigkeiten sowie klare Abläufe. Das Betreiberkonzept wird auf der Grundlage der Untersuchungsergebnisse des technischen, infrastrukturellen und kaufmännischen Facility Managements unter der Betrachtung der Querfunktionen Organisation, Kostenmanagement und Dokumentation aufgestellt.

Quelle: o.V., http://www.baunetz.de/fachplaner/glossar_fm/00101c__.htm vom 03.04.2004

A 2: Gebäudemanagement

Schwerpunkt des Facility Managements in der Nutzungsphase einer Immobilie. Das Gebäudemanagement teilt sich in die Bereiche technisches, infrastrukturelles und kaufmännisches Gebäudemanagement sowie das Flächenmanagement. Zum technischen Gebäudemanagement zählen u.a. die Instandhaltung (Wartung, Inspektion, Instandsetzung) von Gebäudeleittechnik, Sanitärtechnik, Heizung/Klima/Lüftungstechnik, Sicherheitstechnik und das Energiemanagement. Das infrastrukturelle Gebäudemanagement umfasst Catering, Reinigungs- und Hausmeisterdienste, Pförtnerdienst, Bewachung und Objektschutz, Parkraumbewirtschaftung, Pflege der Außenanlagen, Winterdienste usw. Unter kaufmännischem Gebäudemanagement werden Rechnungsstellung, Budgetierung, Controlling und Logistik subsumiert. Das Flächenmanagement beinhaltet alle Leistungen zur Flächenbelegung (u.a. Raumplanung) und Mieterverwaltung.

Quelle: o.V., http://www.hi.hessen.de/service/f.shtml vom 30.07.2004

A 3: Die verschiedene Nutzungsformen

Neben den bisher üblichen Nutzungsüberlassungen bieten Städte, Gemeinden und Kreise in letzter Zeit vermehrt weitere Nutzungskonzepte an. Im Normalfall überlässt die Kommune die Sporträume gemeinnützigen Vereinen und Organisationen nach den bestehenden Benutzungsordnungen. Zur Vermeidung von Benutzungsgebühren und Energiekostenbeiträgen sehen Städte, Gemeinden und Kreise oft eine Möglichkeit zur Konsolidierung des Haushaltes darin, den Sportvereinen die Sporträume auf der Grundlage entsprechender Verträge in eigener Regie zu übertragen.

Die zur Zeit praktizierten Modelle gestalten sich sehr vielfältig und reichen von der Übertragung der Schlüsselverantwortung und der vollständigen Übernahme kommunaler Einrichtungen durch Vereine bis hin zur vereinseigenen Sportanlage.

Die Übertragung der Schlüsselverantwortung bedeutet, dass städtische Sporträume den Vereinen überlassen werden, indem sie die Schlüssel für eine zeitlich fixierte, zeitliche Nutzung ausgehändigt bekommen. Die Übergabe erfolgt mit einem Vertrag. Für die Dauer der Nutzung trägt der Verein die Verantwortung für die Anlage. Problematisch kann diese Nutzungsart bei Mehrfachnutzung durch verschiedene Vereine werden. Hier ist große Sorgfalt bei Abschluss eines Vertrages geboten. Die eigenverantwortliche Nutzung von Sporträumen durch Vereine bietet der Kommune teilweise erhebliche Kosteneinsparung, dem Verein jedoch auch bemerkenswerte Vorteile:

- Die Sporträume und Vereinsheime werden Mittelpunkt des Vereinslebens
- Die Eigenverantwortung bringt nicht nur Pflichten (Pflege, Reinigung u.a.) sondern auch Rechte (Selbstbestimmung bei der Nutzung)
- Das Vereinsleben wird durch die "eigene Anlage" positiv beeinflusst; die Mitglieder engagieren sich für die Anlage.

Bei einem Vertrag zur eigenverantwortlichen Nutzung ohne bauliche Unterhaltung ist der Verein für die laufende Pflege und Unterhaltung, sowie für kleinere Reparaturen zuständig. Größere Reparaturen bleiben Aufgabe des Eigentümers Kommune. Der Verein bestimmt die Nutzungszeiten, evtl. unter Berücksichtigung des vertraglich festgelegten Schulsports. Er erhält von der Kommune in der Regel einen Zuschuss, der bei Städten und Gemeinden unterschiedlich ist, weil die Höhe zum Teil nach der Größe der Anlage berechnet wird. Daher muss die Zuschusshöhe auf Verhandlungsbasis vereinbart werden. Vor Abschluss eines Vertrages sollte überprüft werden, ob der Erhalt eines Unterhaltungszuschusses zusätzliche steuerliche Pflichten für den Verein auslöst.

Bei einem Vertrag zur eigenverantwortlichen Nutzung mit baulicher Unterhaltung übernimmt der Verein die gesamte Unterhaltung, einschließlich aller Reparaturen. Führt der Verein bauliche Maßnahmen durch, ist darauf zu achten, dass die Regularien des ab 01.01.2002 gültigen Gesetzes zur Bauabzugsbesteuerung zu berücksichtigen sind.

Bei dem Abschluss eines Pachtvertrages zur Nutzung eines kommunalen Objektes weisen die Besitzverhältnisse das Objekt als "vereinseigene" Anlage aus. Der Verein übernimmt im Rahmen dieses Vertrages ein Gebäude oder Grundstück, um dieses zu nutzen und es im Rahmen der vertraglichen Grundlagen eigenverantwortlich zu bewirtschaften. Ihm obliegen alle Rechte und Pflichten, die sich aus der Nutzung ergeben, einschließlich der vollständigen Verkehrssicherungspflicht und der Verpflichtung, das Objekt gem. §836 BGB in einem ordnungsgemäßen und sicheren Bauzustand zu halten.

Unabhängig davon, welcher Nutzungsvertrag vorgesehen wird, sollte der Verein darauf achten, dass die Vertragsverpflichtungen dem Leistungsvermögen des Vereins entsprechen. Ebenso dürfen die Verträge keine Auflagen vorsehen, die erheblich in die Autonomie des Vereins eingreifen und im Widerspruch zu den satzungsgemäßen Zielen des Vereins stehen.

Quelle: Hörsgen, H. (2003): Die verschiedenen Nutzungsformen, für VIBSS-ONLINE am 23.06.2003 http://www.vibss.de/vibss/live/vibssinhalte/show.php3?id=35&nodeid=8; vom 02.08.2004

A 4: Haftungsfragen

Bei der Nutzung kommunaler Sporträume auf Vertragsbasis ist bei den unterschiedlichen Nutzungsformen jeweils darauf zu achten bzw. abzuklären, ob Haftungsrisiken für den Verein entstehen.

Grundsätzlich sollen Verträge eine klare Aussage enthalten, unter welchen Umständen der Nutzer Haftungsrisiken trägt. Nutzungsverträge fordern in der Regel den Abschluss und Nachweis einer ausreichenden Haftpflichtversicherung, durch die auch die Freistellungsansprüche gedeckt sind. Der vom LandesSportBund für seine Mitglieder abgeschlossene Versicherungsvertrag erfüllt in der Regel diese Bedingungen, wenn die nachstehenden Leistungen im Rahmen des Sportversicherungsvertrages vereinbart worden sind.

Versichert ist die gesetzliche Haftpflicht des Vereins als Mieter, Pächter, Nutznießer von Grundstücken, Gebäuden, Räumlichkeiten und Einrichtungen, die den satzungsgemäßen Zwecken dienen. Die Deckungssummen hierfür betragen je Schadensereignis 2.600.000 Euro pauschal für Personenschäden und Sachschäden. Abweichend vom § 4 1.6.a) AHB erstreckt sich der Versicherungsschutz auch auf die gesetzliche Haftpflicht aus Schäden an fremden Sachen, die vom Verein aufgrund von Leihe, Miete, Pacht benutzt oder in Obhut übertragen werden und zwar bis zu einer Höhe von
250.000 Euro für unbewegliche Sachen
50.000 Euro für bewegliche Sachen.

Ausgeschlossen sind Haftpflichtansprüche aus Abnutzung und Verschleiß. Mitversichert ist die Verpflichtung, Städte und Gemeinden von etwaigen gesetzlichen Haftpflichtansprüchen dritter Personen freizustellen, die im Zusammenhang mit der Benutzung der von Städten und Gemeinden dem Verein zu dessen satzungsgemäßen Zweck überlassenen Einrichtungen stehen, es sei denn, dass es sich um einen Haftpflichtanspruch handelt, der den Vermieter aufgrund seiner gesetzlichen Haftung als Grundstückseigentümer berührt. Diese Freistellung bezieht sich auch auf etwaige Prozesskosten. Ausgeschlossen hiervon bleiben Schäden, die ausschließlich auf Naturgewalt beruhen.

Es ist ratsam, einen Nutzungsvertragsentwurf im Zweifelsfall mit dem Versicherungsbüro bei der Sporthilfe abzusprechen.

Die Adresse: Sporthilfe e.V.
Paulmannshöher Str. 11a
58515 Lüdenscheid
Tel: 02351/945-2100

Danach kann entschieden werden, ob evtl. eine weitere Absicherung erfolgen muss.

Quelle: Hörsgen, H. für VIBSS-ONLINE am 23.06.2003, http://www.vibss.de/vibss/live/vibssinhalte/show.php3?id=34&nodeid=8. vom 02.08.2004

A 5: Haaner Turnverein 1863 e.V. Vereins-Satzung vom 28.06.1998

§ 1 Name, Sitz und Geschäftsjahr

Der Verein führt den Namen "Haaner Turnverein 1863 e.V." (abgekürzt: HTV). Er wurde 1863 gegründet und hat seinen Sitz in Haan/Rheinland. Der Verein ist in das Vereinsregister beim Amtsgericht Mettmann eingetragen. Der Verein ist Mitglied des LandesSportbundes Nordrheinwestfalen e.V. Die einzelnen Abteilungen sind entsprechenden Fachverbänden angeschlossen, deren Satzungen anerkannt werden. Das Geschäftsjahr ist das Kalenderjahr.

§ 2 Zweck

Zweck des Vereins ist die Förderung des Sports und der sportlichen Jugendhilfe, sowie die Förderung der Kultur. Der Verein verfolgt ausschließlich und unmittelbar gemeinnützige Zwecke im Sinne des Abschnitts "Steuerbegünstigte Zwecke" der Abgabenordnung. Der Verein ist politisch, rassistisch und konfessionell neutral.

§ 3 Mittelverwendung

Der Verein ist selbstlos tätig, er verfolgt nicht in erster Linie eigenwirtschaftliche Zwecke. Mittel des Vereins dürfen nur für die satzungsmäßigen Zwecke verwendet werden. Mitglieder erhalten in ihrer Eigenschaft als Mitglied keine Zuwendungen aus Mitteln des Vereins. Keine Person darf durch Ausgaben, die dem Zweck der Körperschaft fremd sind, oder durch unverhältnismäßig hohe Vergütungen begünstigt werden.

§ 4 Mitgliedschaft

Vereinsmitglieder können natürliche, volljährige Personen, aber auch juristische Personen werden. Jugendliche unter 18 Jahren bedürfen der Erlaubnis der gesetzlichen Vertreter. Stimmberechtigt sind Mitglieder erst ab Volljährigkeit. Die Mitgliedschaften unterteilen sich in

- unbefristete Mitgliedschaften
- Ehrenmitgliedschaften
- Kurzzeitmitgliedschaften

Über einen schriftlichen Aufnahmeantrag entscheidet der Vorstand. Bei Ablehnung des Aufnahmegesuchs ist der Vorstand nicht verpflichtet, dem Antragsteller die Gründe mitzuteilen. Gegen die Ablehnung eines Beitrittsgesuchs kann der Betroffene innerhalb einer Frist von zwei Wochen nach Mitteilung Einspruch beim Ältestenrat einlegen. Über den Einspruch entscheidet der Ältestenrat endgültig.

§ 5 Beendigung der Mitgliedschaft

Die Mitgliedschaft erlischt durch Tod, Austritt, Streichung, Ausschluss oder durch Auflösung des Vereins. Der Austritt aus einer unbefristeten Mitgliedschaft ist nur zum 30.6. oder 31.12. eines Jahres möglich. Die Abmeldung hat schriftlich an die Anschrift des Vereins zu erfolgen. Solange diese beim geschäftsführenden Vorstand nicht vorliegt, bleibt jeglicher Rechtsanspruch des Vereins gegenüber dem Mitglied bestehen. Mit dem Austritt enden alle Rechte und Pflichten aus der Mitgliedschaft. Rückständige Mitgliedsbeiträge müssen gezahlt werden. Bei Nichterfüllung der Beitragspflicht nach 3 Mahnungen kann die Mitgliedschaft gestrichen werden. Die Streichung kommt in ihrer Wirkung einem Ausschluss gleich, kann jedoch durch Zahlung des Beitrags jederzeit rückgängig gemacht werden. Ein Mitglied kann nach vorheriger Anhörung vom Vorstand aus dem Verein ausgeschlossen werden:

a) wegen Nichterfüllung satzungsgemäßer Verpflichtungen oder Missachtung von Anordnungen der berechtigten Organe des Vereins,
b) wegen eines schweren Verstoßes gegen die Interessen des Vereins oder grob unsportlichen Verhaltens,
c) wegen unehrenhafter Handlungen,
d) wegen schwerer Schädigung des Zwecks oder des Ansehens des Vereins.

Über Ausschluss und Streichung der Mitgliedschaft entscheidet der Vorstand. Vor der Entscheidung zum Ausschluss ist dem Mitglied Gelegenheit zu geben, sich hierzu zu äußern. Dem Ausgeschlossenen sind die Gründe der Entscheidung schriftlich mitzuteilen. Gegen den Ausschluss kann der Betroffene innerhalb einer Frist von zwei Wochen nach Mitteilung Einspruch beim Ältestenrat einlegen. Über den Einspruch entscheidet der Ältestenrat endgültig. Ausgeschiedene, gestrichene oder ausgeschlossene Mitglieder haben keinen Anspruch auf das Vereinsvermögen sowie auf die Erstattung von Mitgliedsbeiträgen und Umlagen.

§ 6 Beiträge

Der Verein erhebt Beiträge, Verwaltungsgebühren und bei Eintritt einmalige Aufnahmegebühren, die durch die Mitgliederversammlung festgelegt werden. Über Minderung oder Aussetzung des Mitgliedsbeitrages aus sozialen und anderen Gründen entscheidet der Vorstand auf Antrag des Mitglieds. Der Mitgliedsbeitrag wird durch den Verein jährlich oder halbjährlich im voraus grundsätzlich im Einzugsverfahren erhoben. In den Ausnahmefällen einer Rechnungszahlung gilt eine Zahlungsfrist von 14 Tagen, und es wird eine Verwaltungsgebühr fällig. Die Abteilungen können bei ausreichender Begründung und mit Zustimmung des Vorstandes einen einmaligen oder auch ständigen Abteilungsbeitrag erheben. Die Erhebung erfolgt über die Mitglieder- und Beitragsverwaltung. Für Kurzzeitmitgliedschaften werden gesonderte Gebühren erhoben. Der Verein kann auf Beschluss der Mitgliederversammlung Umlagen erheben. Weitere Einzelheiten sind in der Beitragsordnung niedergelegt.

§ 7 Organe des Vereins

Organe des Vereins sind:

a) die Mitgliederversammlung,
b) der Vereinsvorstand,
c) die Jugendselbstverwaltung,
d) die Abteilungsversammlung,
e) die Abteilungsleitung,
f) der Ältestenrat.
g)

Die Organe sind beschlussfähig, wenn alle ihnen angehörenden Mitglieder form- und fristgerecht mit Angabe der Tagesordnung eingeladen sind. Soweit hier nichts anderes bestimmt wird, gilt ein Antrag als angenommen, wenn er innerhalb der Tagesordnung gestellt ist und ihm die Mehrheit der Anwesenden zustimmt. Die Satzungsänderung bedarf der Zustimmung von mehr als Dreiviertel der Anwesenden der Mitgliederversammlung. Über jede Versammlung ist eine Niederschrift aufzunehmen. Sie soll die gestellten Anträge und die Ereignisse der Abstimmungen enthalten und die Einhaltung der wesentlichen Förmlichkeiten ausweisen. Sie muss gefasste Beschlüsse im Wortlaut wiedergeben. Sie muss vom Versammlungsleiter und vom Protokollführer unterzeichnet sein.

§ 8 Mitgliederversammlung

Die Mitgliederversammlung ist das oberste Organ des Vereins. Die Mitgliederversammlung wird vom geschäftsführenden Vorstand einberufen. Die ordentliche Mitgliederversammlung findet alljährlich, möglichst im ersten Quartal, statt. Die Einladungsfrist beträgt 1 Woche und muss durch Aushang und Veröffentlichung in der Vereinszeitung erfolgen. Außerordentliche Mitgliederversammlungen sind auf schriftlichen begründeten Antrag des erweiterten Vorstands oder von mindestens 10% der stimmberechtigten Mitglieder binnen 1 Monat abzuhalten. Die Einladung erfolgt schriftlich, die Einladungsfrist beträgt 1 Woche.

Die Mitgliederversammlung ist zuständig für:

a) Wahl und Entlastung des geschäftsführenden Vorstands,
b) Bestätigung der vom geschäftsführenden Vorstand berufenen Geschäftsführung und Bereichsvertreter sowie der von ihren Organen gewählten Jugendselbstverwaltung und Abteilungsleiter
c) Wahl von mindestens 2 Kassenprüfern, die mindestens einmal jährlich die Kassen des Vereins prüfen,
d) Genehmigung des Kassenberichts und des Haushaltsplans,
e) Änderung der Satzung,
f) Festsetzung von Beiträgen für unbefristete Mitgliedschaften,
g) Beschluss über Umlagen,
h) Ernennung von Ehrenmitgliedern auf Vorschlag des Ältestenrats,
i) Erwerb und Veräußerung von unbeweglichem Vermögen,
j) Beschlussfassung über Anträge,
k) Auflösung des Vereins.

Die Mitgliederversammlungen sind ohne Rücksicht auf die Zahl der erschienenen Mitglieder beschlussfähig. Nur die anwesenden stimmberechtigten Mitglieder können ihre Stimme abgeben. Bei Stimmengleichheit gibt die Stimme des Vorsitzenden, wenn dieser nicht anwesend ist die Stimme des Versammlungsleiters, den Ausschlag. Alle Beschlüsse der Mitgliederversammlung werden protokolliert. Das Protokoll wird vom Protokollführer und von einem Vorstandsmitglied unterschrieben.

§ 9 Vereinsvorstand

a) Geschäftsführender Vorstand

Der geschäftsführende Vorstand besteht aus dem 1. Vorsitzenden, 2 stellvertretenden Vorsitzenden und dem Finanzverwalter. Er vertritt den Verein gerichtlich und außergerichtlich. Jeweils zwei Vorstandsmitglieder vertreten den Verein in Gemeinschaft.

Die Amtszeit läuft bis zum Rücktritt, dem Ausscheiden aus dem Verein oder der Abberufung durch die Mitgliederversammlung. Spätestens nach 2jähriger Amtsdauer muss die Mitgliederversammlung über die Fortführung des Amtes beschließen. Er beruft die Mitglieder der Geschäftsführung, Bereichsvertretungen und zentraler Funktionen.

b) Erweiterter Vorstand

Zum erweiterten Vorstand gehören:
a) 1.Vorsitzender,
b) 2 stellvertretende Vorsitzende,
c) Finanzverwalter,
d) Jugendselbstverwaltung,
e) Geschäftsführung,
f) Abteilungsleiter,
g) Bereichsvertreter.

Die Abteilungsleiter können durch ihre stellvertretenden Abteilungsleiter vertreten werden. Der geschäftsführende Vorstand lädt zu den Sitzungen ein. Auf begründeten Antrag von mindestens ¼ der Mitglieder des erweiterten Vorstands muss der Vorsitzende den erweiterten Vorstand einberufen.

§ 10 Jugendselbstverwaltung

Die Jugend des HTV führt und verwaltet sich im Rahmen der Satzung und der Ordnungen selbständig und entscheidet über die Verwendung der ihr zufließenden Mittel. Das Nähere regelt die Jugendordnung.

§ 11 Abteilungen

Für die im Verein betriebenen Sportarten bestehen Abteilungen. Über die Gründung oder Auflösung entscheidet der Vorstand. Die Abteilungsleitung ist dem Vorstand für den ordnungsgemäßen Abteilungsbetrieb verantwortlich, hat dessen Weisungen Folge zu leisten und ist auf Verlangen jederzeit zur Berichterstattung verpflichtet.

§ 12 Ältestenrat

Der Ältestenrat besteht aus 5 Mitgliedern, die das 45. Lebensjahr vollendet haben und nicht dem Vorstand unter § 9a) angehören. Die Mitglieder des Ältestenrats werden für 2 Jahre auf Vorschlag des erweiterten Vorstandes von der Mitgliederversammlung des Vereins gewählt. Sie wählen aus ihrer Mitte den Vorsitzenden. Der Ältestenrat ist für alle Ehrenangelegenheiten zuständig und fasst in dieser Tätigkeit selbständig Beschlüsse. Rechtsgrundlage für Ehrungen ist die Ehrungsordnung. In Streitangelegenheiten ist der Ältestenrat Schlichtungsstelle.

§ 13 Kassenprüfer

Die Kassenprüfer werden von der Mitgliederversammlung für die Dauer von 2 Jahren gewählt. Jeweils in der nächsten ordentlichen Mitgliederversammlung scheidet ein Kassenprüfer aus. Wiederwahl in unmittelbarer Folge ist einmal zulässig. Wird das Amt des Kassenprüfers auf der Mitgliederversammlung nicht besetzt oder durch frühzeitiges Ausscheiden eines Kassenprüfers frei, kann durch den erweiterten Vorstand eine kommissarische Besetzung bis zur nächsten ordentlichen Mitgliederversammlung vorgenommen werden. Die Kassenprüfer dürfen nicht dem Vorstand angehören. Sie prüfen alle Kassen des Vereins für das abgelaufene Geschäftsjahr und erstatten der Mitgliederversammlung Bericht. Sie sind befugt, während der Dauer ihrer Wahlzeit jederzeit Stichproben durchzuführen und beantragen auf der Mitgliederversammlung die Entlastung des Vorstandes.

§ 14 Auflösung des Vereins

Über die Auflösung des Haaner Turnvereins 1863 e.V. kann nur eine 9/10-Mehrheit einer schriftlich einberufenen außerordentlichen Mitgliederversammlung beschließen. Einziger Punkt der Tagesordnung: "Auflösung des Vereins".

§ 15 Verbleib des Vereinsvermögens

Nach der erfolgten Auflösung des Vereins wird das vorhandene Vermögen der Stadt Haan übertragen, mit der Verpflichtung, das gesamte Vermögen ungekürzt zu dem in § 2 aufgeführten Zweck zu verwenden.

Haan, den 29.6.1998

A 6: Protokoll der außerordentliche Mitgliederversammlung des TV Haan

Datum: 18.11.2002
Teilnehmer: 103 (lt. Anwesenheitsliste)
Ort: HTV-Gaststätte, Turnstraße 25
Beginn / Ende: 19.35 – 21.50 Uhr

Top 1 Begrüßung
Herbert Raddatz begrüßt die Anwesenden und stellt die rechtzeitig zugestellte Einladung sowie die Beschlussfähigkeit der Versammlung fest.

Top 2 Finanzverwalter
Nachdem die Position des Finanzverwalters seit zwei Jahren nicht besetzt gewesen ist, stellt sich Claudia Adams hierfür zur Verfügung. Sie ist seit Mai 2002 bei den Vorstandssitzungen anwesend und hat Einblick in die künftige Tätigkeit bekommen. Nachdem sie sich selbst vorgestellt hat, wird sie einstimmig – ohne Gegenstimme und Enthaltung – zur neuen Finanzverwalterin gewählt.

Top 3 Neubau
3.1 Information und Diskussion
Herbert Raddatz schildert die Entstehung des Projekts, dessen Name in "Gesundheitszentrum" geändert wurde, um eine klare Aussage zur geplanten Nutzung zu machen und klarzustellen, dass keine "Muckibude" gebaut werden soll. Die Vorstellung der Zielsetzungen und Pläne erfolgt auf Folien per Overhead-Projektor.

Vor $1^1/_2$ Jahren begann die Auseinandersetzung mit dem Thema. Es wurden ausgesuchte Vereine in der näheren Umgebung (s. Anlage) besucht, um sich Ideen und Anregungen zu holen und die Wirtschaftlichkeit eines solchen Projektes zu untersuchen. Bei den besuchten Vereinen ist ein stetiger Mitgliederzuwachs nach Eröffnung der Fitness-Center zu beobachten.

Die Marktsituation in Haan (ohne Gruiten) sieht folgendermaßen aus: Bei 6 Prozent Nutzern solcher Einrichtungen (bundesweiter Durchschnitt) kämen wir auf rund 1.400 potentielle Nutzer bei 23.200 Haanern. Bei der Grundkalkulation für unseren geplanten Fitnessbereich wurde von 250 Nutzern ausgegangen.

Herbert Raddatz stellte die Ergebnisse der vereinsinternen Fragebogen-Aktion des Frühjahrs vor und listet fünf wichtige Marktvorteile für den Bau auf:

- Der HTV ist Haans größter Verein.
- Der HTV hat einen hohen Bekanntheitsgrad.
- Der HTV hat ein gutes Image.
- Der HTV baut im Zentrum Haans.
- Der HTV bietet gute Qualität.

Horst Egon Brandenburger erläutert die Rahmenbedingungen:

- Die Planung berücksichtigt nur das vorhandene HTV Gelände sowie ein Streifen zwischen dem HTV Gelände und der Königgrätzer Straße.
- Die Größe des Baukörpers wird ausschließlich durch die Finanzierbarkeit bestimmt.
- Ein Anbau an das alte Gebäude wurde aus wirtschaftlichen Gründen verworfen (Platzausnutzung und erhöhte Erdarbeiten).
- Die Planung der Bau- und Betriebskosten muss so erfolgen, dass selbst bei schlechter Auslastung des Gesundheitszentrums die Finanzierungskosten und Betriebskosten bezahlt werden können.
- Die gesamte Kostenstruktur wurde während der gesamten Planungsphase über ein Simulationsmodell abgebildet und überwacht.
- Während der Öffnungszeiten des Gesundheitszentrums ist eine kontinuierliche Bewachung der Räumlichkeiten sichergestellt.
- Die Benutzung des Gesundheitszentrums ist nur als HTV Mitglied möglich. Die Mitgliedschaft kann hier auch zeitlich begrenzt sein.
- Das Angebot des Gesundheitszentrums beinhaltet die Schwerpunkte "Gesundheit", "Gesundheits-Prävention" und "Rehabilitation".
- Während der gesamten Öffnungszeit des Gesundheitszentrums ist eine fachlich, sportliche Betreuung der Übenden sichergestellt.
- Das Gesundheitszentrum kann nur genutzt werden nachdem ein Gesundheits-Check durchgeführt und ein Übungsplan erstellt wurde.
- Nutzer des Gesundheitszentrums sind Fitness-Nutzer, Kursteilnehmer und ausgewähltes Vereinssportangebot.
- Das Gesundheitszentrum beinhaltet keine Wellness-Bereiche wie Sauna, Solarium und andere Bereiche.

- Im Gebäude des Gesundheitszentrums ist kein Gastronomiebetrieb, außer durch Getränkeautomaten. Das Gesundheitszentrum ist keine "Muckibude".
- Das Gesundheitszentrum ist nicht für eine Benutzung mit Rollstühlen ausgelegt.

Architekt Jochen Siebel zeigt und erläutert die Baupläne. Die behördliche Zustimmung für die Gebäudelage ist bereits gegeben. Die Stadt verzichtet auf den sonst üblichen Grenzabstand zur Schule hin und genehmigt das Fällen von drei Linden auf der Schulseite. Vor Realisierung des Projektes müssen drei kleine Grundstücke an der Königgrätzer Straße zugekauft werden. Zwei befinden sich im Besitz der Stadt, das dritte im Besitz einer Erbengemeinschaft. Es entstehen Kosten von ca. 2.000 Euro. Ökologische Belange und alternative Energien wurden nicht mit einbezogen, da sie die Kosten stark erhöhen würden. Solarzellen wurden wegen der Lage des Gebäudes und wegen der Linden verworfen. Es wird mit einer Bauzeit von 10-12 Monaten gerechnet nach Baugenehmigung durch die Behörden. Es gab eine rege Diskussion über die Größe der Sportflächen, die einigen Mitgliedern zu klein erschien. Eine Vergrößerung kann jedoch wegen der erhöhten Herstellungskosten nicht verwirklicht werden, außerdem dürfen zwei Linden nicht gefällt werden. Bauliche Veränderungen im Innenbereich würden kaum mehr Platz bringen, jedoch eine komplette Neuplanung erforderlich machen, was aus Kostengründen abgelehnt wird.

Horst Egon Brandenburger stellt die Kostensituation vor:

Kalkulation

A 1. Gebäudekosten	815.927 €
2. Einrichtung u. Geräte	62.000 €
B 1. Eigenkapital	100.000 €
2. Spenden, Zuschüsse	44.500 €
Finanzierungsbedarf	**733.427 €**

Ausgaben

C Kosten Zinsen/Tilgung	56.474 €
D Betriebskosten	25.319 €
E Steuern/Versicherungen	4.500 €
F Gebühren und Beiträge	703 €
G Verwaltungskosten (250 TN) (18 €/Mitgl./Jahr für HTV-Kasse)	0 €

H Personalkosten	52.275 €
Summe Ausgaben	**139.271 €**
Einnahmen	
M 250 neue TN G-Zenter	100.500 €
N Kurse (Nettoeinnahmen)	27.300 €
O Beiträge Vereinsangebot	13.404 €
P Sonstige Zuschüsse	0 €
Summe Einnahmen	**141.204 €**
Kalk. Überschuss	***1.933 €***

Bei den Ausgaben ist offen, ob die Geräte zur Erstausstattung gekauft oder geleast werden sollen, um zu sehen, welche Geräte gebraucht werden. Die Zusage der SSK Haan zur Finanzierung liegt vor. Als Sicherheit dienen Grundstück und das HTV-Gebäude. Der Antrag auf Kredit nach dem Hartz-Modell auf Job-Floating wurde bei der SSK gestellt. Zuschüsse beim Land wurden nicht beantragt, da man erst drei Jahre nach Antragstellung bauen darf und dieses unser Projekt zu sehr verzögern würde. Bei den Personalkosten wird von einem festen Angestellten und gering Beschäftigten auf ÜL-Basis ausgegangen. Auf Anregungen aus der Versammlung sollen die Vorfinanzierungskosten und die Gestaltung der Beiträge spezifiziert werden. Das Marketing- und das Nutzungskonzept sowie das Beitragswesen sollen sechs Monate vor Eröffnung fertiggestellt sein. Astrid Siebert stellt Antrag auf Ende der Debatte, da einige Teilnehmer die Versammlung bereits verlassen haben und die Teilnehmer im TOP 3.3 zur Abstimmung kommen wollen.

3.2 Antrag Grundstückskauf

Herbert Raddatz stellt den Antrag auf Erwerb der drei Grundstücke (Flur 46 und 47 von der Stadt Haan mit vier m^2 und Flur 48 von einer Erbengemeinschaft Dr. Andreae mit 78 m^2) zu den Gesamtkosten von ca. 2000 Euro. Der Antrag wird ohne Gegenstimme bei drei Enthaltungen angenommen.

3.3 Antrag Bau des Gesundheitszentrums

Herbert Raddatz stellt den Antrag auf Neubau des Gesundheitszentrums. Der Antrag wird mit 71 Ja-Stimmen bei zehn Gegenstimmen und zwölf Enthaltungen angenommen. Damit ist der Neubau beschlossene Sache.

Top 4 Allg. Berichterstattung

Herbert Raddatz berichtet von der gelungenen Jazztanz-Veranstaltung am 16.11.2002 und weist auf die nächste Veranstaltung am 23.11.2002 hin.

Außerdem informiert er über die neue Homepage, die von Jochen Bleich, Christoph Hebel, Petra Hess, Sebastian Vonscheidt und Holger Weiss und anderen gestaltet wurde, und die ab 01.12.2002 öffentlich zugänglich sein wird.

Herbert Raddatz	*Renate Roos*
1. Vorsitzender	Protokollführung

A 7: Mitglieder- und Beitragsordnung der TSG Rohrbach

§ 1 Allgemeines, Zweck der Ordnung

Diese Ordnung regelt im Einzelnen die Rechte und Pflichten der in § 4 der Satzung definierten Mitgliedsarten und den Begriff "Teilnahmebedingungen" (s. §4, Nr.3 dieser Ordnung). Diese Ordnung dient insbesondere den verwaltungstechnischen Anforderungen, die sich aus einer Mitgliedschaft ergeben und enthält die jeweils festgelegten Gebühren, Beiträge und Umlagen, die von den Mitgliedern zu entrichten sind.

§ 2 Mitgliederverwaltung

1. Die für die Verwaltung der Mitgliedschaft notwendigen Daten jedes Mitgliedes werden mittels einer EDV-Anlage gespeichert. Der Vorstand hat dafür Sorge zu tragen, dass die Bestimmungen des Bundesdatenschutzgesetzes (BDSG) eingehalten werden.
2. Jedes Mitglied ist verpflichtet, eine Änderung seiner Daten, insbesondere eine Adressen- oder Namensänderung, unverzüglich der Geschäftsstelle des Vereins mitzuteilen. Muss die aktuelle Anschrift eines Mitgliedes vom Verein beim Einwohnermeldeamt erfragt werden, so hat das Mitglied die hierfür entstehenden Kosten zu tragen. Eine Verpflichtung des Vereins, eine nicht mehr gültige Adresse beim Einwohnermeldeamt zu erfragen, besteht jedoch nicht. Folgen einer Verletzung seiner Mitteilungspflicht gehen zu Lasten des Mitgliedes.

§ 3 Mitgliederinformation

1. Zur Information seiner Mitglieder gibt der Verein regelmäßig eine mindestens vier Mal jährlich erscheinende Vereinszeitschrift heraus. Darin werden alle die Mitglieder betreffenden verbindlichen Beschlüsse des Vereins veröffentlicht. Die Vereinszeitschrift liegt unmittelbar nach ihrem jeweiligen Erscheinen in der Geschäftsstelle des Vereins zur Einsichtnahme aus. In der Regel wird die Vereinszeitschrift auch an jedes Mitglied (ausgenommen Kurzzeitmitglieder) verschickt. Wohnen mehrere Mitglieder im gleichen Haushalt, wird pro Haushalt nur ein Exemplar verschickt. Für die Verbindlichkeit der veröffentlichten Beschlüsse ist die Möglichkeit zur Einsicht, nicht jedoch der Zugang auf dem Postwege, maßgebend.
2. Mit der üblichen Verfahrensweise, dass die Deutsche Bundespost Postdienst eine eventuell geänderte Adresse eines Mitglieds, sofern bekannt, an den Verein wei-

terleitet, erklären sich die Mitglieder, wenn sie dieser Regelung nicht ausdrücklich schriftlich widersprechen, mit Eintritt in den Verein einverstanden.

3. Der Verein kann die Geburtsdaten seiner Mitglieder, sowie den Ein- und Austritt jedes Mitgliedes in der Vereinszeitschrift veröffentlichen und Adressdaten an Partnerorganisationen weitergeben. Mit Eintritt in den Verein erklärt sich ein Mitglied mit dieser Verfahrensweise einverstanden, sofern nicht ausdrücklich vonseiten des Mitgliedes dagegen schriftlich widersprochen wird.

§ 4 Aufnahmeverfahren

1. Das Aufnahmeverfahren ist im Wesentlichen in der Satzung geregelt. Zur organisatorischen Umsetzung des Verfahrens wird an die Person, welche die Aufnahme in den Verein begehrt, ein Aufnahmeantragsformular ausgehändigt. Das Aufnahmeverfahren für korporative- und Kurzzeitmitglieder kann im Einzelfall davon abweichend geregelt werden. Mit Abgabe des unterzeichneten Aufnahmeantrages erkennt das Mitglied die Satzung und Ordnungen des Vereins an. Der Vorstand hat dafür Sorge zu tragen, dass an gut sichtbarer Stelle des Antrages darauf hingewiesen wird.
2. Personen, die über den Kauf einer FunCard eine Kurzzeitmitgliedschaft beantragen, werden bereits mit der Zahlung des Beitrages vorbehaltlich der Entscheidung des Vorstandes (s. §4, Nr.1 der Satzung) als Kurzzeitmitglied aufgenommen. Im Falle einer Ablehnung des Aufnahmeantrages haben sie Anrecht auf Rückerstattung des vollen Kaufpreises (= Mitgliedsbeitrag). Kurzzeitmitglieder quittieren den Empfang einer FunCard und die damit einhergehende Anerkennung der Satzung und Ordnungen durch ihre Unterschrift. Der Vollzug kann im Rahmen eines vereinfachten Listenverfahrens erfolgen.
3. Die Teilnahme an zeitlich befristeten Kursangeboten setzt eine Anmeldung voraus. Die Anmeldung kann mündlich, fernmündlich oder schriftlich erfolgen und gilt als Antrag auf eine Kurzzeitmitgliedschaft. Der Vorstand hat in der Kursausschreibung darauf hinzuweisen, dass mit der Anmeldung die Teilnahmebedingungen anerkannt werden. Die Anerkennung der Teilnahmebedingungen ist gleichbedeutend mit der Anerkennung der Satzung und Ordnungen des Vereins. Wenn das Kurzzeitmitglied für eine Teilnahme an der beantragten Veranstaltung zugelassen wird, werden die vom Vorstand festgelegten Beitragssätze und Gebühren fällig. Ein eventuelles Fernbleiben von der Veranstaltung insgesamt oder teilweise hat keinen Einfluss auf die Zahlungsverpflichtung. Das Kurzzeitmitglied kann nur

dann eine Rückerstattung bzw. Teilrückerstattung seiner Zahlung verlangen, wenn das gesamte Angebot bzw. Teile des Angebotes nicht gem. Ausschreibung stattfinden und dem Verein ein Verschulden hierfür nachgewiesen werden kann.

§ 5 Wechsel von Abteilungszugehörigkeiten

Die Zugehörigkeit zu einer Abteilung ist in § 4 Abs. 3., Abschnitt c) der Satzung geregelt. Ein Mitglied kann die Zugehörigkeit zu einer Abteilung im Laufe eines Jahres beliebig oft wechseln. Die Beendigung einer Abteilungszugehörigkeit ist unter Einhaltung einer Frist von zwei Wochen zum Ende jeden Kalendervierteljahres (1.1./1.4./1.7./1.10.) möglich, sofern eine gesonderte Abteilungsordnung nichts anderes bestimmt. Bei Beendigung einer Abteilungszugehörigkeit kann ein Mitglied verlangen, dass ihm ein eventuell bereits bezahlter Abteilungsbeitrag für den Zeitraum gutgeschrieben wird, ab dem die Abteilungszugehörigkeit nicht mehr besteht. Ist für eine Abteilung, in die ein Mitglied hineinwechselt, ein gesonderter Abteilungsbeitrag zu bezahlen, so wird er in der gleichen Weise fällig, als ob es sich um eine Neuaufnahme handelt (siehe § 7 Abs. 1).

§ 6 Beitragssätze und Gebühren

1. Die geltenden Beitragsgruppen werden in dieser Ordnung festgelegt. Die Zuordnung eines konkreten Personenkreises zu einer bestimmten Beitragsgruppe und die jeweils gültigen Beitragssätze und Gebühren werden in der Anlage zu dieser Ordnung festgelegt. Eine Änderung der Beitragssätze und/oder Gebühren ist über eine Änderung der Anlage zu dieser Ordnung möglich, ohne dass die gesamte Ordnung neu verabschiedet werden muss. Für das Verabschieden bzw. Ändern der Anlage gelten jedoch die gleichen Bestimmungen wie für das Verabschieden und Ändern einer Ordnung. Beiträge und Gebühren können für folgende Beitragsgruppen festgelegt werden:
   - Regulärer Einzelbeitrag
   - Einzelbeitrag für Dauermitglieder nach 2, 5, 10 vollen Kalenderjahren
   - Ermäßigter Beitrag
   - Beitrag für Vereinsförderer
   - Familienbeitrag
   - Passivbeitrag
   - Beitrag für besondere Mitgliedsarten (s. §4, Nr.2 der Satzung, z.B. Treuemitglied, Ehrenmitglied, Fördermitglied)

- Teilzahlungsbeitrag/-gebühr (s. §7, Nr.1)
- Verwaltungsbeitrag/-gebühr (s. §7, Nr.3)

2. Auf die grundsätzliche Möglichkeit der Beitragsermäßigung für bestimmte Vollmitglieder (z.B. für Schüler und Studenten bis maximal 27 Jahre) hat der Vorstand auf dem Aufnahmeantragsformular hinzuweisen. Eine Beitragsermäßigung kann jedoch nur gewährt werden, wenn vor der jeweiligen Fälligkeit des Beitrags ein Antrag auf Beitragsermäßigung gestellt wird. Über den Antrag auf Ermäßigung und darüber, welcher Personenkreis für eine grundsätzliche Beitragsermäßigung in Frage kommt, entscheidet der Vorstand.
3. Auf Antrag eines Mitgliedes kann der Vorstand darüber hinaus auch jedem anderen Mitglied einen von obigem abweichenden Beitragssatz gewähren, wenn besondere persönliche Umstände dies rechtfertigen oder es sich um eine reine Fördermitgliedschaft handelt.
4. Sofern neben dem Mitgliedsbeitrag ein Abteilungsbeitrag erhoben werden soll (s. §3, Nr.5 der Satzung), so werden Höhe und Fälligkeit des Abteilungsbeitrages von der jeweiligen Abteilungsversammlung festgelegt. Dabei ist zu beachten, dass alle Abteilungs-Beitragsarten immer nur innerhalb der aktuell gültigen Beitragsgruppen definiert werden können. Der Beschluss von Abteilungsbeiträgen wird erst mit Einverständnis des Vorstandes wirksam.
5. Beitragssätze und Gebühren für Korporative- und Kurzzeitmitglieder sind nicht Bestandteil dieser Ordnung und werden im Einzelfall vom Vorstand gesondert festgelegt.
6. Umlagen können vom Beirat oder der Mitgliedervertreterversammlung mit einfacher Mehrheit beschlossen und festgesetzt werden.

§ 7 Fälligkeit und Zahlungsweisen

1. Mitgliedsbeiträge, Gebühren und Umlagen sind eine Bringschuld. Bei bestehender Mitgliedschaft ist der Jahresbeitrag am Anfang eines Geschäftsjahres (1.1.) in voller Höhe fällig. Bei Eintritt während eines Jahres wird die Aufnahmegebühr und der anteilige Beitrag für den Zeitraum vom Eintrittsmonat bis zum Schluss des Geschäftsjahres (31.12) zu Beginn des auf den Eintrittsmonat folgenden Kalendervierteljahres (1.1./1.4./1.7./1.10.) fällig. Mitglieder, die ihren Jahresbeitrag bei Fälligkeit nicht in einer Summe bezahlen wollen, haben neben ihrem Mitgliedsbeitrag den in §6, Nr.1 genannten Teilzahlungsbeitrag zu entrichten.

2. Ändert sich im Laufe eines Jahres die Mitgliedsart eines Mitgliedes (z.B. Ermäßigtes Mitglied wird reguläres Einzelmitglied wegen Geburtstag oder reguläres Einzelmitglied wird Treue- bzw. Ehrenmitglied wegen Ehrung), so wird der neue Beitragssatz mit Beginn (1.1.) des Folgejahres wirksam. Für Mitglieder, die im Laufe eines Jahres das 18. Lebensjahr vollenden und deren Beitrag bisher über eine Familienmitgliedschaft abgegolten wurde, wird mit Beginn (1.1.) des Folgejahres der Beitragssatz für Einzelmitglieder wirksam, sofern kein Antrag auf Verbleib innerhalb der Familienmitgliedschaft gestellt wird und die Voraussetzungen dafür vorliegen. Ein Familienmitglied, das im Laufe eines Jahres das 27. Lebensjahr vollendet, scheidet mit Beginn (1.1.) des Folgejahres immer aus der Familienmitgliedschaft aus. Eine für die Familienmitgliedschaft bestehende Einzugsermächtigung besteht für das Einzelmitglied gewordene Mitglied weiter fort, sofern der Kontoinhaber der Familienmitgliedschaft dem nicht ausdrücklich widerspricht. Ist eine Familienmitgliedschaft wegen Ausscheidens eines Angehörigen nicht mehr rentabel, erhebt der Verein von selbst die für die beteiligten Mitglieder in der Summe günstigsten Beitragssätze.
3. Folgende Zahlungsweisen sind möglich:
   Wenn dem Verein eine Einzugsermächtigung erteilt wird:
   - Bankeinzug vom angegebenen Konto

   Wenn dem Verein keine Einzugsermächtigung erteilt wird:
   - Überweisung nach Rechnungsstellung
   - Barzahlung in der Geschäftsstelle nach Rechnungsstellung
   - Selbstzahlung (Überweisung oder Bar in der Geschäftsstelle) vor Erstellung und Versendung einer Rechnung

   Mitglieder, die nicht am Bankeinzugsverfahren teilnehmen, haben neben ihrem Mitgliedsbeitrag den in §6, Nr.1 genannten Verwaltungsbeitrag und neben ihrer Aufnahmegebühr die in §6, Nr.1 genannte Verwaltungsgebühr zu entrichten. Davon ausgenommen sind Selbstzahler, die ihren Beitrag in voller Höhe vor Rechnungsstellung entrichten.

§ 8 Mahnwesen

1. Wird die mit Bankeinzug eingezogene Forderung des Vereins vom Kreditinstitut des Mitgliedes nicht eingelöst oder retourniert oder die Forderung sonst wie nicht fristgerecht beglichen (Rechnungszahler), wird das Mitglied von der Geschäftsstelle schriftlich angemahnt. Die entstandenen Kosten eines fehlgeschlagenen

Bankeinzugsversuches und eine vom Vorstand festzulegende Mahngebühr werden dem Mitglied in Rechnung gestellt und der Forderung hinzugerechnet. Fällige Mitgliedsbeiträge, Gebühren und Umlagen gelten erst als entrichtet, wenn das Mitgliederkonto vollständig ausgeglichen ist. Alle Forderungen des Vereins, die sich aus der Mitgliedschaft ergeben, also auch etwaige Kosten und Mahngebühren, gelten demnach als Beiträge im Sinne des §6, Nr.3 der Satzung.

2. Die Mahngebühr pro verschickte Mahnung beträgt mindestens € 2,– und höchstens € 6,–. Den jeweils anwendbaren Satz gibt der Vorstand zu Beginn jeden Jahres der Geschäftsstelle bekannt. Vor Einleitung eines Ausschlussverfahrens (s. Satzung §5, Nr.4) wird ein Mitglied mindestens einmal und höchstens viermal angemahnt. Das Mitglied gilt als angemahnt, wenn die entsprechende Säumnismitteilung an die vom Mitglied zuletzt angegebene Anschrift versandt worden ist. Das Anhörungsschreiben gem. §5 Nr.4 der Satzung gilt gleichzeitig als letzte Mahnung. Nach Abschluss des Mahnverfahrens werden Beitragsforderungen im Zuge des gerichtlichen Mahn- bzw. Vollstreckungsverfahrens oder über den zivilrechtlichen Klageweg eingetrieben.

§ 9 In-Kraft-Treten

Diese Ordnung ist in der vorliegenden Form am 21.02.2001 vom Vorstand verabschiedet worden und tritt gem. §17 der Satzung in Kraft, wenn deren Erlass und die Möglichkeit zur Einsichtnahme in der Vereinszeitschrift bekannt gegeben worden ist. (Redaktionelle Anm.: Erfolgt in Vereinszeitschrift 03/04-01 Nr. 251)

A 8: Leistungen des Hauptvereins TSG Rohrbach gegenüber den Abteilungen

Welche abteilungsübergreifende Leistungen übernehmen Vorstand und Geschäftsstelle des Vereins für die Abteilungen?

- Mitgliederverwaltung (Datenpflege, Beitragseinzug)
- Nachforschungen beim Einwohnermeldeamt
- Mahn- und Vollstreckungsverfahren
- Mitarbeiterinformation (Namenslisten u.ä., Sichtung, Vervielfältigung und Weiterleitung von Post an die betreffenden Abteilungen)
- Erstellen von Statistiken (z.B. Anfertigen/Verschicken von Bestandsmeldungen)
- Auskünfte und Verschickung von Infomaterial an Interessenten/potenzielle Mitglieder
- Sitzungsabwicklung (Einladung, Anwesenheitsliste, Tischvorlagen, Protokolle)
- Überwachung von Fristen und Terminen
- Vorbereitung und Durchführung von Ehrungen
- Sportversicherung (z.B. Bearbeitung von Schadensfällen)
- Wöchentlich 14stündige(!), regelmäßige Erreichbarkeit eines kompetenten Ansprechpartners für die Abteilungen im Service-Büro der Geschäftsstelle
- Erstellung von Drucksachen (Briefpapier, Satzung, Ordnungen, Plakate, Aufnahmeanträge, Formulare, etc.)
- Direkte Unterstützung der Abteilungen bei ihrer in- und externen Öffentlichkeitsarbeit durch Herausgabe und Vertrieb einer gemeinsamen Vereinszeitschrift, sowie abteilungsübergreifende Öffentlichkeitsarbeit und Werbemaßnahmen zum Nutzen aller Abteilungen.
- Koordination bei der Durchführung abteilungsübergreifender Veranstaltungen (z.B. Spiel- und Sportwoche für Kinder, KinderSportOlympiade, Schaufenster des Sports, etc.), z.T. auch eigenständige Ausrichtung als gewinnbringende Öffentlichkeitsarbeit für alle.
- Erledigung aller Zahlungsvorgänge, Finanz- und Haushaltswesen, Bilanzierung
- Erledigung aller Steuerangelegenheiten und öffentlichen Lasten
- Personalmanagement und Lohnbuchhaltung
- Stellung eines Vereinsbusses
- Spendenabwicklung
- Abwicklung Zuschusswesen (Übungsleiter, Jugend- und Freizeitmaßnahmen, Kooperation Schule/Verein, Sportgeräte, städt. Sportförderung, usw.)

- Verwaltung von Liegenschaften und Vereinsinventar
- Sportstättenverwaltung (Erstellen von Belegungsplänen, Reservierungen, Abrechnungen der Nutzungsentgelte und -gebühren, Pacht- und Mietzahlungen)
- Veranstaltungs-Genehmigungen (GEMA, Ausschankerlaubnis, etc.)
- Vertragswesen, Wahrnehmung rechtlicher Interessen
- Baumaßnahmen

Die Abwicklung spezifischer, fachlicher Aufgaben liegt in der Verantwortung jeder einzelnen Abteilung:

- Organisation des Übungs- und Spiel-/Wettkampfbetriebes
- Schriftverkehr mit Fachverband (Beantragung von Pässen u.ä.)
- Beschaffung und Pflege des sportfachlichen Inventars (Schränke, Bälle, etc.)
- Einsatz und Betreuung von Übungsleitern, Schiedsrichtern, Mitarbeitern, etc.
- Sportspezifische Presse-, sowie in- und externe Abt.-Öffentlichkeitsarbeit (z.B. Liefern von Daten, Terminen und Berichten für Abteilungsrubriken in der Vereinszeitschrift)
- Abteilungsspezifische Werbemaßnahmen (z.B. Erstellung/Verteilung von Handzetteln, Ausrichtung von Turnieren, Organisation von Freizeitmaßnahmen u.ä.)
- Kontakt zu den Schulen und Eltern
- Terminierung, Einberufung und Ausrichtung von z.B. Trainersitzungen und Abteilungsversammlungen
- Gewinnung von Mäzenen und Sponsoren
- Erstellung von einfachen Ein-/Ausgabenrechnungen und Abgabe nur gegenüber dem Verein

Welche abteilungsübergreifende Aufwendungen werden über einen allgemeinen Sportverwaltungshaushalt sichergestellt?

- Unterhaltung der Sportstätten (Personal, öffentliche Lasten, Nutzungsgebühren, Sportgroßgeräte, etc.)
- BSB-Sportbundbeiträge
- Beiträge zur Sportversicherung
- Mitgliederverwaltung
- Herausgabe/Vertrieb einer gemeinsamen Vereinszeitschrift
- Abteilungsübergreifende Werbung, Presse- und Öffentlichkeitsarbeit
- Hallengebühren für Sportveranstaltungen

- Durchführung von Ehrungen
- Erstellung von abteilungsübergreifenden Drucksachen
- Durchführung von Veranstaltungen, die im Gesamtinteresse des Vereins liegen
- Personal- und Sachkosten zur Bewältigung abteilungsübergreifender Aufgaben
- Buchhaltungs- und Steuerberatungskosten
- Förderung der überfachlichen Vereinsjugendarbeit
- Beflockungskosten Schriftzug TSG Rohrbach mit Wappen

Welche sportfachlichen Aufwendungen werden über die Solidargemeinschaft aus den Grundbeiträgen aller Mitglieder bestritten (Sportfachhaushalte zur grundlegenden Sicherstellung des Sportbetriebes in den Abteilungen)?

- Fachverbandsbeiträge ohne Strafen
- Kosten Fachpersonal = Grundvergütung für Übungsleiter gem. Honorarordnung
- Von der Abteilung genutzte Sportgeräte (Bälle, Netze, Matten, TT-Platten, etc.)
- Mannschaftsmeldegebühren und Gebühren für Fremdschiedsrichter
- Fahrtkosten im Rahmen der festgelegten Ordnung
- Sachkosten für die fachliche Arbeit (Porto, Büromaterial)

Wenn die in einzelnen Abteilungen über der Honorarordnung liegenden Personalkosten nicht vollständig über die Solidargemeinschaft finanziert werden können, müssen die erhöhten Aufwendungen über Abteilungsbeiträge sichergestellt werden.

Folgende Aufwendungen müssen aus den spezifischen Einnahmen jeder einzelnen Abteilung (z.B. Veranstaltungsbewirtschaftungen, Spenden, Sponsoren, Eigenbeteiligung/Mannschaftkassen u.ä.) bestritten werden:

- Strafen
- Sportbekleidung jeglicher Art (Trikots, Trainingsanzüge, Schuhe, usw.)
- Individual-Sportgeräte (z.B. Schläger, Torwartausrüstung)
- Meldegelder für Turnierteilnahmen
- Individual-Gebühren (z.B. Spielerpässe, Schiedsrichterlizenzen, ÜL-Lehrgänge)
- Über den festgelegten Rahmen hinausgehende Personal- und Fahrtkosten
- Abteilungsfeste- und -feiern, Freizeitmaßnahmen, Trainingslager, Turnierausrichtungen

Beschluss vom 04.06.96

A 9: Pressetext TEAM World of Fitness

"Top Quality Fitness" in 19 Anlagen bundesweit

Aachen. Das Unternehmen *TEAM World of Fitness* wurde 1988 als leistungsorientierter Fitness-Club von Bahram Ekhtebar in Aachen gegründet. Auf einer Fläche von 550 Quadratmetern wurde den Mitgliedern großzügige Trainingsmöglichkeiten und der erste Kurbereich in Aachen präsentiert. 1990 wurde die Fläche der ersten Anlage um 120 Quadratmeter erweitert und vor allem der Kurs- und Cardiobereich vergrößert. Drei Jahre später folgte die Eröffnung der zweiten *TEAM World of Fitness* -Anlage in Würselen bei Aachen mit einem multifunktionalen Angebot auf 750 Quadratmetern. Die dritte Anlage in Aachen eröffnete 1996. Im gleichen Jahr gründeten die Geschäftsführer die *TEAM WOF Franchising GmbH & Co. KG* mit dem Ziel, die TEAM WOF Unternehmensführungsphilosophie durch das Franchising-System auch an interessierte Dritte weiterzugeben. Seit diesem Zeitpunkt verfolgte die *TEAM World of Fitness Gruppe* eine mehrdimensionale Expansionsstrategie. Zum einen wurde im näheren Umkreis der Stadt Aachen die Filialschiene weiter ausgebaut. Über das Franchisesystem wurden zusätzlich Standorte geschaffen, die in größerer Entfernung von der Systemzentrale lagen. 1998 nahm die erste Anlage außerhalb Aachens mit einer multifunktionalen Fitness- und Freizeitanlage in Osnabrück ihren Betrieb auf. Inzwischen betreut die *TEAM World of Fitness* AG über ihre Tochtergesellschaft *TEAM WOF Franchising GmbH* insgesamt elf Franchise-Partner, die Anlagen in Aachen, Würselen, Eschweiler, Jülich, Düren, Übach-Palenberg, Osnabrück, Gießen, Offenbach, Jena und Rheine betreiben.

Die im Juni 2002 in Aachen eröffnete Anlage der Unternehmensgruppe *TEAM World of Fitness* mit insgesamt 19 Anlagen bundesweit ist zugleich auch die größte. Nie zuvor wurde eine so riesige Trainingsfläche, so großzügige Kursräume und ein so professioneller Wellnessbereich realisiert. Mittlerweile trainieren alleine in Aachen und Umgebung über 10.000 Mitglieder nach dem bewährten Qualitätskonzept.

Die Mitarbeiter der *TEAM World of Fitness* - Anlagen, die regelmäßig hausintern, aber auch extern aus- und weitergebildet werden, zeichnet neben hoher Fachkompetenz eine besondere Freundlichkeit aus. *"Gerade diesbezüglich werden bei uns sehr hohe Maßstäbe gesetzt, um dem Anspruch, zu den besten Fitness- und Freizeitanlagen in Deutschland zu gehören, gerecht zu werden"*, betont Vorstandsmitglied Bahram Ekhtebar.

"Die Plazierung einer "Vorzeigeanlage" mitten im Herzen von Aachen, genau dort wo alles begann, ist für unsere Gruppe ein sehr wichtiger Schritt", betont Helmut Maaßen, Operationsmanager der *TEAM World of Fitness AG. "In dieser Anlage wird "Top Quality Fitness" in allen Dimensionen umgesetzt und gelebt."*

Quelle: TEAM WOF, http://www.team-wof.de/content_templates/ctpl_detail/ctpl_article_detail.asp?art_ID=161&cat_id=19 vom 22.07.2004

A 10: Informationen zu Franchising bei TEAM WOF

'Franchising ...ist die intelligenteste Form der Selbständigkeit.' (Jacques Delors)

Warum ist Franchising die intelligenteste Form der Selbständigkeit?
Wo liegen die entscheidenden Vorteile?
Was ist Franchising überhaupt?

Nach der Definition des Deutschen Franchise Verbandes e.V. ist Franchising ein vertikal-kooperativ organisiertes Absatzsystem rechtlich selbständiger Unternehmen auf der Basis eines vertraglichen Dauerschuldverhältnisses. Gebildet wird dieses System aus dem Franchise-Geber und den angeschlossenen Franchise-Partnern.

Der Franchise-Geber stellt seinen Partnern im Rahmen eines Vertrages ein Leistungspaket zur Verfügung, das ein Beschaffungs-, Absatz-, Organisations- und Schulungskonzept, Nutzungsrechte an Schutzrechten (Firmenname und -symbol) sowie die Verpflichtung zur laufenden Unterstützung der Franchise-Partner beinhaltet. Der Franchise-Partner ist rechtlich und wirtschaftlich selbständig, arbeitet also im eigenen Namen auf eigene Rechnung. Er hat das Recht und die Pflicht, das Franchise-Paket gegen Entgelt zu nutzen. Als Gegenleistung liefert er Arbeit, Kapital und Informationen.

Ein Franchise-System bietet für die angeschlossenen Partner entscheidende Vorteile. Der Franchise-Nehmer nutzt ein erprobtes und bewährtes Konzept, vermeidet die vielfältigen Fehler, die bei Neugründungen fast zwangsläufig auftreten und kann sich dank der intensiven, entlastenden Unterstützung durch den Franchise-Geber auf seine Hauptaufgaben konzentrieren: die Erschließung des lokalen Marktes sowie die umfassende Betreuung seiner Kunden. Insbesondere die Möglichkeit, einen Großteil der eigenen Ressourcen zur Kundenbetreuung einzusetzen, schafft gerade in Deutschland, einem Land, in dem die Dienstleistungsmentalität nur schwach ausgeprägt ist, einen entscheidenden Wettbewerbsvorteil.

Daneben kann der Franchise-Nehmer diverse Effekte nutzen, die sich aus der besonderen Organisationsform von Franchisesystemen ergeben. Die angeschlossenen Franchise-Partner bilden ein informales Netzwerk, das vielfältige Informationen und Erfahrungen speichert. Durch Einrichtung von Partner-Beiräten, Erfa-Gruppen und anderen Kommunikationsplattformen kann der Einzelne von den Erfahrungen vieler profitieren.

Obwohl sich durch Franchising eine deutliche Reduktion des Unternehmerrisikos ergibt, bieten sich dem Franchise-Partner unternehmerische Möglichkeiten, von denen die meisten Angestellten nur träumen: Selbständigkeit, Motivation, die Chance zur Selbstverwirklichung, Freude an der Arbeit, eine langfristige Perspektive.

Zusammenfassend lässt sich feststellen, dass Franchising dem Einzelnen ungeahnte Möglichkeiten auf dem Weg in eine eigene Existenz bietet. Dem eingangs zitierten Satz, dass Franchising die intelligenteste Form der Selbständigkeit ist, ist daher nichts hinzuzufügen.

Welche Vorzüge bietet TEAM WOF Franchising?
... eine interessante Wachstumsbranche ...
Die Fitness- und Freizeitbranche ist trotz abnehmender Umsatzzuwächse bei den bereits etablierten Anbietern noch immer eine Wachstumsbranche. Nahezu alle Prognosen weisen darauf hin, dass auch in Zukunft die Ausgaben für Freizeitaktivitäten steigen werden. Die Menschen werden jedoch gleichzeitig kritischer bzw. qualitätsbewusster und haben hohe Ansprüche an die Einrichtungen und Institutionen, denen sie ihre finanziellen Mittel zukommen lassen.

Dem Existenzgründer bietet sich mit TEAM WOF Franchising die Möglichkeit, wirtschaftliche Unabhängigkeit mit einem qualitativ hochwertigen Konzept, einer vielseitigen Tätigkeit sowie mit Spaß und Freude zu verbinden. Dank intensiver und entlastender Unterstützung durch TEAM World of Fitness kann er bei deutlich reduziertem Risiko alle Chancen nutzen, die die Fitnessbranche bietet.

... einheitliche Qualitätsstandards unter einer gemeinsamen Dachmarke ...
Zahlreiche empirische Untersuchungen belegen, dass annähernd alle Verbraucher eine "Marke" neben anderen Merkmalen insbesondere mit gleichbleibend hoher Qualität verbinden. Fitness- und Freizeitanlagen, die nur in einem losen Verbund zusammengefasst sind, haben allerdings regelmäßig Probleme, einheitliche Qualitätsstandards zu gewährleisten. TEAM World of Fitness bevorzugt zum Nutzen aller Franchise-Partner daher ein Hard-Franchising. Dies bedeutet, dass nur solche Personen

Partner werden und auch bleiben können, die die umfangreichen Qualitätssicherungsmaßnahmen der Gruppe strikt einhalten.

... eine umfassende Gründungsplanung ...
Jeder Unternehmensgründer steht vor dem Problem, die im Rahmen einer Betriebseröffnung notwendigen Schritte zu erkennen und zu koordinieren. TEAM World of Fitness bietet eine umfassende Gründungsplanung, die die Erstellung von Standortanalysen und Prognoserechnungen, Hilfe bei der Rechtsformwahl, Unterstützung bei Kreditverhandlungen, eine umfangreiche Baubetreuung, die Erstellung eines individuellen EDV-Konzeptes und alle weiteren notwendigen Maßnahmen beinhaltet.

... ein geschlossenes Unternehmensführungskonzept ...
TEAM WOF offeriert nicht nur punktuelle Problemlösungshilfen wie zahlreiche in der Fitnessbranche agierende Unternehmensberatungen. TEAM World of Fitness bietet vielmehr ein geschlossenes Unternehmensführungskonzept, das die betrieblichen Funktionalbereiche Beschaffung, Dienstleistungserstellung, Absatz und Verwaltung umfasst. Für alle aufgeführten Segmente werden detaillierte Ziele formuliert, Umsetzungsstrategien vorgegeben und ein breites Maßnahmeninstrumentarium angeboten. Der Franchise-Partner von TEAM World of Fitness hat damit den Vorzug, seine individuellen unternehmerischen Ziele ohne Umwege und Zeitverluste erreichen zu können.

... ein qualifiziertes und motiviertes TEAM ...
Die Mitarbeiter der TEAM WOF Franchising GmbH sind hoch qualifiziert, was durchaus untypisch für in der Branche tätige Franchiser und Beratungsgesellschaften ist. Hochschulausbildungen in Betriebs- und Volkswirtschaftslehre, Elektrotechnik, Sport und Psychologie verbinden sich mit langjähriger Branchenerfahrung zu optimaler Beratungskompetenz. Alle für TEAM World of Fitness tätigen Menschen sind jung, stark motiviert und stets daran interessiert, dass alle im Verbund der TEAM World of Fitness Gruppe arbeitenden Unternehmen ein Maximum an Information, Unterstützung und persönlicher Betreuung erhalten.

... Gemeinschaft mit anderen ...
TEAM World of Fitness führt nicht ohne Grund die Bezeichnung "TEAM" im Namen. Die Schaffung von TEAMs auf allen Ebenen und in allen Bereichen ist eine der

vordringlichen Aufgaben aller beteiligten Unternehmen und Mitarbeiter. Franchise-Partner und Filialen von TEAM World of Fitness sind gleichberechtigte Partner, die ihre unternehmerischen Ziele gemeinsam erreichen. Entsprechendes gilt für die Geschäftsführung und die Mitarbeiter in den einzelnen Anlagen. Nur in TEAMs ergibt sich neben einem Maximum an Problemlösungsvorschlägen ein Gefühl von Geborgenheit, Sicherheit und Zuversicht. Nur in TEAMs können sich Kreativität und Motivationen entfalten, kann Autonomie und Selbstverantwortung zum Wohle aller Beteiligten genutzt werden. Der TEAM-Gedanke als "weicher" Wettbewerbsvorteil wird daher in Zukunft noch mehr als heute Voraussetzung für wirtschaftlichen Erfolg sein.

... eine Fairness-Garantie ...

"Wir garantieren, dass wir jeden Preisvorteil, den wir aufgrund unserer Beziehungen und Verbindungen erhalten, in vollem Umfang an unsere Franchise-Partner weitergeben. Außer der Eintrittsgebühr und der laufenden Franchisegebühr erhält TEAM World of Fitness von keiner Seite weitere Zahlungen. Wird dem Franchise-Partner binnen eines Jahres nach Vertragsabschluß ein von ihm über den Franchise-Geber bezogenes Produkt zu günstigeren Konditionen angeboten, verpflichtet sich TEAM World of Fitness, den Differenzbetrag auszugleichen!" TEAM World of Fitness möchte mit dieser Fairness-Garantie bewusst einen Gegenpol zu den in der Fitnessbranche verbreiteten Provisions- und Schmiergeldzahlungen sowie den versteckten Preisabsprachen bieten. Der TEAM World of Fitness Franchise-Partner weiß, worauf er sich einlässt; er hat verlässliche Kalkulationsgrundlagen und das gute Gefühl, fair behandelt zu werden.

... eine Chance ...

Quelle: TEAM WOF, http://www.team-wof.de/content_templates/ctpl_list/ctpl_list.asp?cat_id=16 vom 22.07.2004

***ibidem*-Verlag**
Melchiorstr. 15
D-70439 Stuttgart
info@ibidem-verlag.de
www.ibidem-verlag.de
www.edition-noema.de
www.autorenbetreuung.de